历史可以更好看

唐史并不如烟

开元盛世

曲昌春 著

第四部 修订版

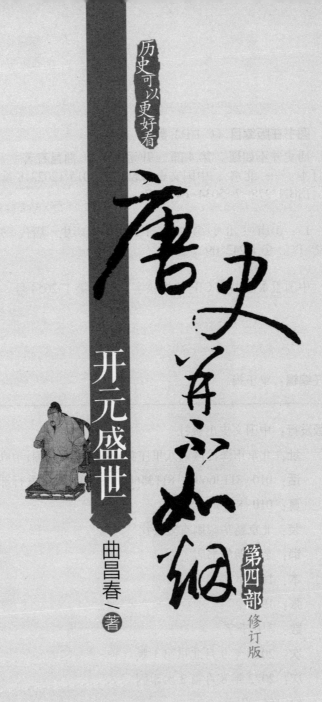

中国文史出版社
CHINA CULTURAL AND HISTORICAL PRESS

图书在版编目（CIP）数据

唐史并不如烟．第4部，开元盛世 / 曲昌春著．——
修订本．—— 北京：中国文史出版社，2015（2022.8重印）
ISBN 978-7-5034-6473-7

Ⅰ．①唐… Ⅱ．①曲… Ⅲ．①中国历史－唐代－通俗
读物 Ⅳ．① K242.09

中国版本图书馆 CIP 数据核字 (2022) 第 132654 号

责任编辑：梁玉梅

出版发行：中国文史出版社

社　　址：北京市海淀区西八里庄路 69 号院　　邮编：100142

电　　话：010-81136606　81136602　81136603（发行部）

传　　真：010-81136655

印　　装：北京新华印刷有限公司

经　　销：全国新华书店

开　　本：16 开

印　　张：19.5

字　　数：310 千字

版　　次：2015 年 9 月北京第 1 版

印　　次：2022 年 8 月第 3 次印刷

定　　价：56.00 元

目 录

第一章　姑侄恩怨

六味地黄丸

中国大历史中曾经有过这样一位神奇的人物，他本人当过皇帝，他的父亲当过皇帝，他的儿子当过皇帝，他的弟弟当过皇帝，他的侄子当过皇帝，最要命的是，他的母亲也当过皇帝，善于联想的人们就送他一个称号：六味地黄丸（六位帝皇）。

这个神奇人物是谁呢？唐中宗李显。

如果按照这个逻辑推理，其实睿宗李旦同样如此：

本人当过皇帝，父亲当过皇帝，儿子当过皇帝，哥哥当过皇帝，侄子（温王李重茂）当过皇帝，母亲（武则天）也当过皇帝。

综合评定：六味地黄丸。

如此算来，李显、李旦哥俩就成为中国大历史中硕果仅存的两粒"六味地黄丸"。除了他俩，再也找不出第三位！

绝版！

一辈子能得到"绝版"这两个字看起来是多么幸运，然而具体到李显和李旦这哥俩，"幸运"二字又显得那么沉重。其实在很多人看来，李显和李旦哥俩就是一对苦命"Twins"，人生的过程不尽相同，人生的苦涩却一脉相连。

中宗李显先受制于母亲，后受制于自己的皇后，人生评语：憋屈。

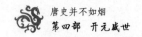

睿宗李旦呢?

他也好不到哪里,他先受制于母亲,后受制于妹妹,最后还受制于儿子,人生评语:更憋屈!

记得上高中时曾经做过一道语文题,题面是这样的:

吃不到苦的苦比吃到苦的苦还要苦。

要求是解析题面中几个苦的具体含义。

这不是绕口令,而是一道分析题,有兴趣的同学可以做一下。

如果把上面的句式套到睿宗李旦的头上,就会形成这样一句话:

看不见憋屈的憋屈比看得见憋屈的憋屈还要憋屈。

写到这里,估计很多人会问,睿宗李旦真的有那么憋屈吗?

这个真的有!

关于李旦的第一段憋屈,《武后当国》中已经提到过,在此按下不表,我们将镜头摇到公元 710 年六月二十七日之后。

场景:长安皇宫之中

一个中年男人正对着一个官员问道:这事跟太平商量过了吗?

官员回答说:商量过了!

中年男人又问:跟三郎商量过了吗?

官员回答说:商量过了!

中年男人不再言语,提笔签字。

镜头推近:龙飞凤舞两个大字"同意"。

看到这里,大家应该看出来了,这个中年男人便是李旦,而这样的场景对他而言无比熟悉,他的皇帝生涯几乎就是如此场景的重复:

"跟太平商量过了吗?"

"跟三郎商量过了吗?"

在他的心中,第一个当家的是太平公主,第二个当家的是儿子李隆基,而他自己只不过是一个签署意见的机器。

皇帝当到这个份上,除了叹息,还是叹息!

谁 是 主 角

明明自己是皇帝，却要听命于自己的妹妹和儿子，这一切是为什么呢？

答案来自唐隆政变。

众所周知，李旦能再次登上皇位，是因为大唐王朝发生了唐隆政变，政变中原本手握权柄的韦皇后被诛杀，而被韦皇后推上皇帝宝座的李重茂又被拉下了皇帝宝座，在这之后，李旦被推上了皇位。

是谁把李旦推上了皇位？

现存于世的《旧唐书》和《新唐书》将主要功劳归到了李隆基身上，根据《旧唐书》和《新唐书》的记载，李隆基率先萌发了政变的念头，然后经过一系列串联之后，最终政变成功，因此李旦登上皇位，最大的功劳归李隆基，因此可以概括为"儿子栽树，老子乘凉"。

这一幕是不是有点眼熟？是不是跟李渊、李世民父子有些相似？都是儿子运筹帷幄，老子坐享其成，最终老子沾了儿子的光。

真是老子沾了儿子的光吗？

真相并非如此！

历史的真相是，开创唐朝李渊厥功至伟，而睿宗李旦登基，厥功至伟的是他的妹妹太平公主，而李隆基和曾祖父李世民一样，他们亲自过问了国史，并且授意篡改了国史。

在李世民的笔下，他是开创唐朝的第一功臣；

在李隆基的陛下，他是拥立父皇的第一功臣。

他们都是功臣不假，但并非第一功臣，而他们为了政治需要，把自己树立为第一功臣，然后把原来的第一功臣拉下马，湮没到历史的故纸堆里。

吹开历史故纸堆上的灰尘，让我们看一看到底谁是唐隆政变的主角。

公元 710 年的李隆基，年龄为二十五岁，职位为卫尉少卿，身份为相王的第三子。

公元 710 年的太平公主，年龄四十多岁，身份为本朝权势最大的公主。

正是在公元 710 年这一年，发生了唐隆政变，我们要问，谁是主角？

在中国历史上，发动政变不是一件容易的事，要想政变成功，必须具备两个条件：第一有权，第二有钱。

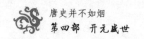

这两个条件太平公主都具备了，而李隆基两手空空。

论职位，他只是卫尉少卿，掌管军事器械的从四品官员，只相当于现在的副司局级；

论财富，他的父亲李旦一直受到排挤，先是受武则天排挤，后是受李显排挤，因此注定李隆基的财富水平非常一般。

何以见得呢？可以从一顿生日寿面说起。

有一年正赶上李隆基过生日，李隆基正巧来到了老丈人王仁皎家。眼看女婿上门，又赶上生日，王仁皎就准备给李隆基做一顿生日寿面。然而，那时的王仁皎是罗锅上山——钱紧，不仅家里没有面了，而且连钱也没了。

万般无奈，王仁皎从身上脱下了自己的紫色半袖衣服，到外面把衣服卖了，然后买了一些面回来给李隆基做了一顿生日寿面。

试想，如果李隆基手里有钱，何至于让老丈人家到了山穷水尽连做顿寿面都得卖衣服的地步。

总结陈词，李隆基当时没什么钱。

让这么一个两手空空的青年去发动一场改朝换代的政变，这就不是创业了，而是自杀。

然而，偏偏这个两手空空的青年最后获得了成功，这又是为什么呢？

因为他得到了一个人的支持，这个人就是他的姑姑太平公主。

原本太平公主的日子过得风生水起，无论在母亲武则天时代还是哥哥李显时代，她都是炙手可热的显贵公主。然而在李显死后，太平公主的日子便没有了阳光，李显的皇后韦氏揽走了所有的大权，并在各个要害部门都安插进了韦氏子弟，这让太平公主的心情跌落到谷底。

显而易见，只要韦皇后执政，太平公主就得靠边站，想恢复往日的辉煌，门都没有。

就在这个时候，李隆基找上了门，姑侄二人在政变的问题上一拍即合。

在这之后，太平公主派自己的儿子薛崇简跟李隆基一起策划政变，四处串联，这样一来，政变就不仅仅是李隆基的一厢情愿，也是太平公主支持的志在必得。

此时的李隆基不再是孤家寡人，他的背后站着根基深厚的太平公主，他的身边是表弟薛崇简，只要薛崇简跟他一起出现，对方便会意识到，他们得到了太平公主的支持。

一个李隆基或许能起到震动的作用，一个背后站着太平公主的李隆基就能让大唐王朝天翻地覆，最后的政变恰恰验证了这一点。

这时我们再来重新审视唐隆政变，如果把唐隆政变比作一场战役，那么李隆基就是冲锋在前的敢死队长，太平公主则是坐镇后方的总司令。当一场战役取得最后胜利，你说最大的功劳应该归在总司令的头上，还是敢死队队长的头上呢？

李隆基，你说呢？

失　算

公元 710 年六月二十四日，小皇帝李重茂还傻乎乎地坐在自己的皇位上，他知道皇城中昨夜已经刀光剑影，但是他并不知道接下来将发生什么。

这时他的姑姑太平公主走了上来，把他拎着脖子拽了起来，然后一直拽下了皇位，太平公主一边拽一边说："这不是你小孩子应该坐的地方！"

唐朝的第七任皇帝就这样被废黜，随后出场的是第八任皇帝。

太平公主对哥哥李旦使了个眼色，意思很明显，老哥，该你了！

李旦整理了一下表情，登基称帝，这便是睿宗李旦的第二次登基。

从始至终，李旦都是被动的，他一直被推着前行，在他背后推他的有妹妹太平公主，还有儿子李隆基。李旦知道，这个皇位的取得，最大的功劳还是妹妹太平公主。

因此，他在皇帝生涯中，形成了两句口头禅：

"跟太平商量过了吗？"

"跟三郎商量过了吗？"

都说人容易被胜利冲昏头脑，此时的太平公主也被胜利冲昏了头脑，她醉心于亲手将自己的哥哥推上皇位，从此又可以在他的庇护下呼风唤雨，就跟哥哥李显时一样，她已经习惯了这种模式，于是便对这种模式产生了惯性，可怕的惯性。

正是因为这可怕的惯性，太平公主失去了准确的判断，她居然没有对太子之位进行干预。事实证明，这是太平公主一生中最大的失算，也是最致命的失算！

她居然眼睁睁地看着李隆基登上了太子之位，然后转身成了自己的政敌。

从现有的历史记载来看，在李旦的五个儿子中，李隆基应该是最有能力的，对于这一点，太平公主心知肚明，但她没有意识到危险正在一步一步向她逼近。

太平公主麻痹了，她被现有的权势麻醉了。

从李旦登基开始，太平公主的权势便达到了顶峰，她对朝廷的控制几乎到了登峰造极的地步，她提出的每一件事，李旦没有一件不照办，宰相以下的官员，她的任命就意味着最终任命。从此之后，她的家中成了热闹的自由市场，人来人往，人声鼎沸，对于官场中人而言，这里便是一条"终南捷径"，只要入了太平公主的这条线，思想有多远，你就能走多远。

顶峰的感觉太美好了，有这种感觉的不仅是太平公主，还有太平公主的三个儿子，他们也跟着母亲乘风起航，不仅在朝中呼风唤雨，他们的产业也遍布京城内外，他们的生活排场也与皇宫比肩。皇宫里有的，他们也有，皇宫里没有的，他们家还有。历代权臣都曾经达到过这个层次，现在太平公主一家也达到了。

此时的太平公主并没有意识到自己的失算，她还沉醉于自己的权力海洋之中。自从她将哥哥李旦扶上皇位之后，来投靠她的人越来越多，她将这些人一一分类，安插到朝中的诸多岗位，最引人注目的是四个人，这四个人都先后当上了宰相，他们分别是窦怀贞、萧至忠、岑羲、崔湜。

窦怀贞原本是李显和韦皇后面前的红人，而且二婚还娶了韦皇后的乳娘，人称"皇后阿爹"。不过这人转身速度特别快，韦皇后伏诛当天，他马上杀妻解套，一转身又投入太平公主的门下，转身速度之快，足以让中国男足的后卫们目瞪口呆；

萧至忠出身世代官宦人家，一度官声不错，看到太平公主炙手可热，便投入了太平公主的门下，别人拦都拦不住，他的表弟曾经苦口婆心地告诫，可惜他没听；

岑羲也是名门之后，他的祖父岑文本是贞观年间的名臣，他本人为官也很是清廉，只是一不小心站错了队；

崔湜，这是一个老熟人了。当年敬晖等五王派他到武三思身边当卧底，没想到一到了武三思身边，他便反水了，转而向五王反戈一击。本来武三思倒台后他应该受到清算，只是他的转身也快，迅速投向了太平公主，进而凭借英俊的外表成为太平公主的情夫之一。

单看崔湜这个名字，或许大家还有些陌生，但只要提及杜甫的一首诗，大家就会恍然大悟。杜甫的诗是这样写的：

岐王宅里寻常见，崔九堂前几度闻。

崔九，即李隆基的宠臣崔涤，家中排行老九，"崔九"便由此而来，而崔九的亲哥哥则是崔湜。值得一提的是，崔湜和崔涤都是唐朝著名诗人，《全唐诗》中有他哥俩的作品，只是哥俩一个站在太平公主一边，一个站到了李隆基一边，因为这次站队，便有了日后截然不同的人生结局。

当然，此时说结局还为时尚早，因为太平公主还沉浸在胜利的喜悦之中。她还没有意识到自己的失算，等她意识到时，已经是几个月之后。

矛盾渐起

没有永远的朋友，也没有永远的敌人，只有永远的利益！

——19 世纪英国首相 帕斯麦顿

从骨肉至亲到你死我活，这一段距离到底有多远？

对于一般人，这段距离是鸿沟。

对于皇家，这段距离说近也近，说远也远，没有人说得清，两者到底是近还是远。

那么具体到太平公主和李隆基呢？

这段距离曾经是鸿沟，现在则成了一条可以一跃而过的水沟。

时间可以改变一切，太平公主和李隆基的姑侄关系正是为时间所改变。

在睿宗李旦登基的几个月里，太平公主在找巅峰的感觉，李隆基也在找太子的感觉，两个人找来找去，纠结到了一起，然后死死纠缠到了一起。

太平公主的巅峰感觉因为李隆基的存在打了折扣，李隆基的太子感觉则因为太平公主的存在也打了折扣，他们都在切割权力这块蛋糕，现在两把切蛋糕的刀碰撞到了一起。

或许有些人会问，姑侄二人怎么会碰撞到一起呢，两人各走一边不就行了吗？

在权力这个问题上，从来没有各走一边，有的只能是针锋相对，大到一个国家，小到一个单位，只要两个人同时想抓权，那么就必然会发生碰撞，任何形式的楚河汉界都是徒劳的，既不能让项羽和刘邦把天下分清楚，也不能让太平公主和李隆基分得清清楚楚。

权力的蛋糕就那么大，姑侄二人都想切，碰撞已经在所难免。

在太平公主的身后，站着窦怀贞、崔湜这些人，在李隆基一边，他也不是一个人在战斗，他的身后站着日后开元年间的一批重臣，这里面有姚崇，有宋璟，有张说等人。

很难从个人品质上鉴别两派人马的高低贵贱。在太平公主和李隆基的争斗中，他们身后的人都在站队，通俗地说是在押宝。太平公主身后的人自然将宝押在太平公主身上，李隆基身后的人则把宝押到了李隆基身上，他们在较量，也是在博弈，这场博弈的胜者将有可能青史留名，而博弈的失败者呢？等待他们的是九死无生。

直到与李隆基数次碰撞之后，太平公主才意识到自己数月前失算了，她居然眼睁睁看着李隆基登上太子之位，又眼睁睁看着他成为自己的政敌。

原本，这一切可以不发生的！

如果当初立储时自己能擦亮双眼，选一个能力平庸的侄子当太子该有多好啊，而不是眼前这个难缠的李隆基。

世上什么药都有卖的，可惜就是没有后悔药。

后悔已经来不及了，只能想办法补救了。

还是趁他立足未稳把他扳倒吧，省得夜长梦多。

自此之后，太平公主将扳倒李隆基升级为自己的第一目标，为了长久保住自己的荣华富贵，就一定要把这个不听话的侄子废掉，不然将来必定尾大不掉。

太平公主本以为扳倒李隆基是一件容易的事情，她能将李隆基的父亲推上皇位，难道还扳不倒李隆基吗？

在她的授意下，不利于李隆基的流言在朝中迅速散播开来，流言的主题是"太子并非嫡长子，不应该当太子"。

打蛇打七寸，太平公主一出手就直奔李隆基的七寸——"非嫡长子"。

众所周知，在立嫡立长的古代，"嫡长子"的身份就是天然的优势，这个优势让诸多皇子一生望尘莫及，连英明神武的太宗李世民都无可奈何，只能发动玄武门之变将原来的嫡长子李建成销毁，他本人才得以登上皇位。"嫡长子"便是这样血统逼人，即使是双胞胎，先出生的老大就是"嫡长子"，老二只能算是"嫡次子"，想要翻身，只能强行更改"医学出生证明"。

流言迅速散播，满朝上下众说纷纭，李隆基顿时感到无边的压力，"非嫡长子"就是他的软肋，别人要拿这个做文章，他除了无可奈何，还是无可奈何。

关键时刻，他那软弱的父亲倒是站出来力挺了他一把：李隆基于国家有功，立为太子并无不妥，你们就不要再说了！李旦态度是暧昧的，智商正常的他不可能看不出妹妹和儿子的争斗，但他的位置注定他只能保持中立，做一个和事佬，因为斗争的双方，一个是将他扶上皇位的妹妹，一个则是可以托付未来的儿子。

妹妹和儿子，孰轻孰重，在李旦心中的天平上很难称出。

李旦的暧昧并没有缓和太平公主和李隆基的矛盾，相反，他们的矛盾正在慢慢升级。

曾经的"皇后阿爹"窦怀贞此时已经成为太平公主的"公主管家"，每天他三点一线：朝廷、太平公主家、自己家，每天一下朝就到太平公主家，直到把当天的话说干了，才恋恋不舍地回到自己家。

有这样一个尽职的"公主管家"，太平公主开始从容地对付李隆基。在她的授意下，一批批间谍出现在李隆基左右，他们的任务便是收集李隆基的劣迹，然后汇报给太平公主，再经太平公主的综合呈送给皇帝李旦，总之，对于李隆基，他们是"毁人不倦"。

与此同时，太平公主还想网罗更高层次的人为自己所用，她把目标锁定在太子少保韦安石。韦安石能做到太子少保，自然在朝中举足轻重，让这个人去说李隆基的坏话，将非常有分量。出乎太平公主料的是，韦安石居然对她的召唤置之不理，在她三番五次发出邀请之后，韦安石依旧毫无反应，愣是不登炙手可热的太平公主家门。

这个老家伙！

韦安石的不理不睬已经让太平公主有些恼火，不久之后，太平公主的恼火又升级了。

太平公主的恼火，起因是韦安石和皇帝李旦的一次对话。

李旦对韦安石说："听说朝中有些官员很乐意为东宫效劳，你可以抽空调查一下！"

李旦之所以说这番话，一定是得到太平公主方面的小报告，小报告听多了自然起了疑心，这是人所共有的弱点。

韦安石如何反应呢？

韦安石回应道："陛下从哪里听到这样的亡国言论，这一定是太平公主的阴谋。太子对国家有大功，仁朋孝友，人所共知，愿陛下不要受流言迷惑！"

眼看碰了钉子，李旦只能往回找补："朕已经知道了，你不用再说了！"

义正词严的韦安石不会想到，就在他直呼太平公主阴谋时，太平公主正躲在皇帝身后的绣帘之下，韦安石的话她听得一清二楚，顿时气红了粉脸。

依着太平公主的脾气，她准备好好收拾一下韦安石这个不识抬举的家伙，以她多年的政治阅历，陷害一个人只是分分钟的事情。幸好，韦安石自身过硬，而且朝中有朋友帮忙，他有惊无险地躲过了太平公主的陷害。而太平公主有李隆基这样的大敌当前，也只好暂时放过韦安石这条小泥鳅。

该如何对付李隆基这条大鱼呢？太平公主陷入了沉思。

宋璟出招

日子就是问题叠着问题，对于太平公主和李隆基而言，他们的日子便是矛盾叠着矛盾，越叠越深，越深越叠，直至叠无可叠。

前面说到太平公主暗地里指使属下制造流言，以达到扳倒李隆基的目的。她本以为这是一个简单任务，没承想，这个任务并不简单，任凭她把流言造得漫天飞舞，李隆基的太子之位依然稳如泰山。

看来光是背后操纵不行了，是时候跳上前台了。

从这时起，太平公主索性撕掉了伪装，她不信以自己的能力扳不倒毛头小伙李隆基，既然自己能把哥哥送上皇位，那么把这个不听话的侄子赶下太子之位又有何难呢？

太平公主是这样想的，也是这样做的。

事实证明，她高估了自己，低估了李隆基。

公元 711 年初，太平公主亲自出马，她乘坐辇车在光范门举行了一次小规模的聚会，与会的都是大唐王朝的宰相，吏部尚书宋璟也出现在宴会之上。

对于这场宴会，很多人事先并没有准备，他们只当是一场寻常的聚会，没想到这场聚会竟然有非同寻常的议题。组织聚会的太平公主硬生生地扔出一个话题：现在的太子不合适，应该更换！

一言既出，满座皆惊，宰相们面面相觑，太平公主这是唱的哪一出呢？

现场死一般安静，谁都不敢先接话，他们意识到太平公主和太子的矛盾已经白热化，现在到了他们站队的时候。如果站到太平公主一边，就得说"公主所言极是"，如果站到李隆基一边，就得说"公主所言差矣"。

向左是太平公主，向右是李隆基，与会的官员站在了尴尬的十字路口上。

沉默，还是沉默。

官场中人多年历练都养成了一个能力：喜怒不形于色。他们用"不动声色"作为自己的伪装，仅从面色，你看不出他们究竟是同意还是反对。

这时，一个人腾地站了起来，大家把目光集中到这个人身上。

"太子有功于天下，是真正的宗庙社稷之主，公主为什么突然提出更换太子呢？"

说这话的是吏部尚书宋璟，时年四十八岁的宋璟。

按说四十八岁应该是一个老油子的年龄了，可宋璟不是老油子，他是一个视原则为生命的人，为了捍卫原则，他甚至可以押上自己的生命。这是一个守法守成的人，他把礼法看得比天还重。他站到李隆基一边，是因为他已经把李隆基看作未来的天下之主，而回过头来，便对太平公主的指手画脚无比反感。

都立秋了，你就别装立春了，宋璟在心里对太平公主说。

在宋璟的骨子里，他一直对妇人干政耿耿于怀。他先后经历了武则天时代、韦皇后时代，现在又进入了太平公主时代，与李家有关的三个女人"你方唱罢我登台"，这让宋璟不胜其烦，长此以往，将置祖宗家法于何地，将置

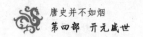

江山社稷于何地呢？

不行，绝不能再这么持续下去了，必须有所改变。

与太平公主不欢而散之后，宋璟出来找到了兵部尚书姚崇，姚崇比宋璟的资格更老，此时他六十一岁。

古代没有六十岁退休的硬性规定，因此便给了姚崇和宋璟"老而弥坚"的机会。两人一番商量之后，又一起来找二十六岁的李隆基，他们要一起对付咄咄逼人的太平公主。

根据《资治通鉴》的记载，姚崇和宋璟在出招对付太平公主之前并没有通知李隆基，而是他们两人的私自主张，因此他们的行动跟李隆基无关。

实际上，这不过是掩耳盗铃，本着"谁主张谁受益"的原则，李隆基焉能不知道姚崇和宋璟的行动。只不过他们达成了默契，让李隆基假装不知道，这样对李隆基有利无害，如果事情成功，李隆基坐收渔翁之利，如果事情失败，李隆基就可以一推二六五。

由此想起了《大话西游》里唐僧的一句台词：背黑锅我来，送死你去！

一番商量之后，姚崇和宋璟来到了皇帝李旦面前，他们要抛出一颗重磅炸弹，力争把太平公主炸得遍体鳞伤。

姚崇和宋璟对李旦说："宋王李成器是陛下的嫡长子，豳王李守礼是高宗的长孙，太平公主老在他们中间挑拨离间，这将使东宫不安。陛下应该将宋王及豳王都派出长安到地方当刺史，同时把岐王、薛王的左右羽林军改编为太子的左右卫率侍卫军以加强太子的力量。至于太平公主和武攸暨，应该都放到东都洛阳安置。"

不鸣则已，一鸣惊人，不抛则已，一抛就是遍体鳞伤。

姚崇和宋璟这颗重磅炸弹够重的，如果都按照他们的建议执行，对李隆基而言，将是天大的利好。

太平公主能够叫嚷着更换太子，是因为在李隆基之前有两个比他更有资格当太子的人，一个是他的大哥宋王李成器，一个是他的堂哥豳王李守礼（与吐蕃和亲的金城公主正是李守礼的女儿）。从皇帝李旦那儿论，李成器是嫡长子，从高宗李治那儿论，李守礼是现存于世的长孙，两个人都有资格当太子，他们的血统高贵得咄咄逼人。

姚崇和宋璟主张将这两个人都送出长安，便是为了隔断他们与太平公主的联系，这样即便太平公主上蹿下跳，也无法动摇李隆基的储位。至于将岐王和薛王的羽林军改编，更是有利于李隆基，这样李隆基就可以把兵权收到自己的手里，防止别人利用这两支队伍作乱。

最后姚崇和宋璟还准备将太平公主和武攸暨赶到洛阳，让他们彻底远离长安的权力中心。

听完姚崇和宋璟的建议，李旦皱了一下眉头："我就一个妹妹，难道也要外放到遥远的东都洛阳吗？至于其他亲王，我看倒可以按照你们的意思办！"

事情似乎正朝着有利于李隆基的方向发展，没过几天，中书侍郎张说的一番话让皇帝李旦完全同意了姚崇和宋璟的建议。

当时李旦忧心忡忡地对手下说："道行高深的法师告诫我说，五天之内可能会有乱兵入宫，你们可得替我提前做好防范！"中书侍郎张说应声答道："这肯定是小人离间陛下和太子的荒唐之言，只要陛下下令让太子监国，这荒唐之言必定无疾而终。"李旦若有所思地点了点头，这时姚崇趁势加了一把火："张说所说的正是安定江山社稷之计，陛下最好采纳！"

一唱一和，一捧一逗，忠于李隆基的张说和姚崇在这时左右了皇帝李旦的思路，没有多少政治素养的李旦索性全部同意了姚崇的主张。

公元711年二月一日李旦下诏：宋王李成器出任同州刺史，豳王李守礼为豳州刺史，左羽林大将军岐王李隆范为太子左卫率，右羽林大将军薛王李隆业为太子右卫率；太平公主与驸马武攸暨前往蒲州（今山西省永济市）安置。

一天后，李旦再次下诏，命太子李隆基监国，六品以下的官员任命及有期徒刑以下的刑罚均由太子说了算。

到这时，姚崇和宋璟的重磅炸弹产生了效果。

真的产生了效果？

效果是有，可惜是反的！

太平公主的反击

就在李隆基和姚崇等人暗自庆幸胜利时，太平公主的反扑开始了。

后来的事实证明，李隆基和姚崇把太平公主想得太简单了，从武则天时代就进入大唐王朝权力核心的太平公主并不是一缕尘埃，不是李隆基和姚崇想扫就能扫掉的，她不仅牢牢扎根于大唐王朝的权力核心，更重要的是她在皇帝李旦面前有说一不二的话语权。

有其父必有其子，有其母必有其女，李旦和太平公主这对兄妹恰恰验证了这一点。李旦继承了父亲的软弱和优柔寡断，太平公主则继承了母亲的智慧和刚烈。

在看到李旦的连续两道诏书之后，太平公主的愤怒达到了极点，她亲自跑到了李隆基的面前把李隆基骂得狗血淋头，接着又到哥哥李旦面前抱怨不已。

此时的李旦和李隆基父子并没有底气，他们比外人更知道这次皇位是如何而来的，如果没有太平公主，他们父子还不知道在长安的哪个角落打酱油，如果没有太平公主，他们何来重见天日的一天？李旦和李隆基似乎在这一刻恢复了清醒，他们意识到太平公主的势力并非一纸诏书就能剪除的。他们不仅欠太平公主的人情，更关键的是，满朝上下，太平公主的势力已经盘根错节，想要撼动这棵大树，并没有那么容易。

重磅炸弹就此炸了，不过没有炸向太平公主，而是炸向了李隆基。

原本想把太平公主炸得遍体鳞伤，没想到遍体鳞伤的是李隆基。

李隆基只能火速开展生产自救，他要尽全力将损失降到最低点。

按照事先的安排，他狠了狠心，将姚崇和宋璟推下了水。

李隆基火速上了一道奏疏，内容是这样的：姚崇、宋璟离间我和姑姑以及两个哥哥之间的感情，请陛下将他们处以极刑！

"背黑锅我来，送死你去。"《大话西游》里的唐僧只是说说而已，而李隆基却说到做到。

然而奏疏到了李旦那里，李旦又做了一次和事佬，他没有对姚崇和宋璟处以极刑，而是把他俩双双贬出了长安，姚崇出任申州刺史，宋璟出任楚州刺史，到那里，山高太子远，看你们怎么离间。

到这时看明白了吧，原来李隆基奏疏上说的"处以极刑"也是说说而已，他早已看到了父亲的软肋。这个以仁孝著称的皇帝是不会随便处决大臣的，你把狠话说到头，他反而下不了那个狠心，在这一点上，李隆基把父亲算计透了。

随着姚崇和宋璟被贬，他们当初的努力正在一点点化为乌有，几天后李旦撤销了宋王李成器和豳王李守礼的任命，他们不必再到地方出任刺史，而是留在长安继续当亲王。

又过了一段时间，左右万骑卫士营和左右羽林军一起进行了改组，并称为"北门四军"，姚崇当初将左右羽林军改组为太子卫队的建议又成了空。

与此同时，太平公主和丈夫武攸暨却从长安出发前往蒲州。

难道太平公主认命了？

不是认命，而是撂挑子，生生把李隆基扔在台上，晾着他！

不是让我到蒲州吗？好，我这就走，到时别叫我回来！

第二章　机关算尽

左右为难

人这一辈子究竟靠什么说话？

有人说是舌头，让我说是实力。有实力你就可以高歌，没有实力你只能低语甚至失语，这不是由舌头决定，而是由实力决定。

在与太平公主的斗争进入白热化之后，李隆基一度以为自己已经具备了实力，有姚崇、宋璟、张说这些左膀右臂，他还需要忌惮姑姑的实力吗？残酷的现实证明，李隆基确实具备了实力，但还远远不够，跟太平公主的盘根错节相比，李隆基，你才刚上路！

在姚崇、宋璟被贬两个月后，李隆基又遇到了一个难题：父亲李旦居然要把皇位传给他。这一下把李隆基吓坏了！

没有在那个时代生活过的我们无法真正理解皇帝和太子的关系，在一般人看来反正是父子，谁当皇帝不是当啊。

其实不然，中国古代的皇帝是终身制的，一般都是生命不息战斗不止，不到生命最后一刻，坚决不把皇位撒手。一旦皇帝在有生之年提出要把皇位让给太子，太子就需要警惕了：到底父皇是真心实意，还是给自己挖了一个坑呢？

李隆基使劲擦了一下双眼，他想看清父亲李旦的真实意图。

当时的李旦说了这样一番话：

朕向来淡泊名利，不以皇位为贵，以前先是当皇嗣，后是当皇太弟，我都坚决辞让了，如今我传位给太子，众位爱卿以为如何呢？

李旦的话一出，又是一片沉寂。

这时又到了站队表态的时候，但凡接话就一定要表明态度，要么支持，要么反对，而无论哪种态度，都注定要得罪人，要么得罪李隆基，要么得罪太平公主。

沉寂过后，有人先说话了。

"陛下不可啊，万万不可啊！"

哦，这人是太平公主一边的？

仔细一看，原来是太子右庶子李景伯，这是唱的哪出啊？按道理太子右庶子绝对是太子的人，面对此等好事必定是顺水推舟，怎么还高唱起反调了？

难道李隆基养了一只白眼狼？

其实，李景伯不是白眼狼，他恰恰是李隆基的坚定支持者。他刚才高唱反调正是李隆基的授意，因为他们知道目前接过皇位时机还不成熟，倘若勉强接任，那个皇位能坐多久要打一个问号。

吃一堑长一智的李隆基果断地拒绝了父皇扔过来的馅饼，他知道此时的馅饼还不完全是馅饼，这个馅饼的背后甚至可能是陷阱。

不接，就是不接。

在"白眼狼"李景伯高唱反调之后，太平公主的人也站了出来，这个人便是殿中侍御史和逢尧。

和逢尧说道："陛下年富力强，正为四海所景仰，怎么能就这样让位呢？"

李隆基一派反对，太平公主一派也反对，正反两方都反对，这游戏没法玩了。

不久，李旦再次下诏：国家大事全由太子裁决，军队中的死刑以及五品官以上的任命，先跟太子商议，然后再行上报。

这纸诏书对李隆基而言是利好吗？

其实未必。

李隆基一时间看不透这纸诏书的真实意图，他不知道这究竟是父皇的意思还是姑姑的意思，他左右为难，心中没有答案。

是真实交权，还是试探？

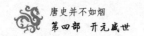
或许又是试探吧。

既然父皇在试探，那么自己也试探一下吧。

在这纸诏书下达半月之后，李隆基作出了自己的试探：恳请将太子之位让给大哥李成器！

双方都在试探对方的底线。

很快李旦作出反馈：不准！

李隆基轻轻出了一口气，看来事情并没有到不可挽回的余地，一切事在人为。

又过了几天，李隆基作出了一个出人意料的举动：上书恳请父皇恩准姑姑太平公主返回京城。

这又是一着什么棋呢？以退为进！此时的李隆基知道，自己的势力还不足以跟姑姑太平公主决战，既然还不能决战，那么不妨先示弱，先把自己的拳头收回来，缓解一下关系再说。

就此收拳？难道不打了？

恰恰相反，收拳不是为了不打，而是为了将来更好地打！

翻云覆雨

姑侄二人僵持半天，终于以李隆基服软而告一段落。由此，太平公主的风头更盛，连太子跟她斗法都输了，满朝之中还有谁能跟她掰一掰手腕？

很快，那些曾经反对过太平公主的人就遭到了清算。

最先遭到清算的是御史大夫薛谦光和殿中侍御史慕容珣，两人遭到清算是因为他们弹劾过一个人，胡僧慧范。

所谓胡僧，就是不是汉族僧人，而是非汉族的僧人，这个胡僧慧范并非一般的和尚，而是一个有靠山的和尚，他的靠山就是太平公主。

慧范如何搭上太平公主这条线呢？

靠的是通奸。

别想歪了，和慧范通奸的不是太平公主，而是太平公主的乳母。慧范正是通过太平公主的乳母，投到了太平公主的门下，进而成为狐假虎威的和尚。

这个和尚靠着背后的靠山，再加上自己的和尚身份，在民间大肆侵吞百姓财产，官民敢怒不敢言。原本薛谦光和慕容珣也是敢怒，但也不敢言，不过很快他们被假象迷惑了，他们看到太平公主从长安迁往蒲州，这是不是意味着太平公主失势了呢？

大概是吧！

打狗看主人，既然主人都走了，那就放开打吧！

薛谦光和慕容珣以为这一次他们赌对了，没想到恰恰相反，他们赌错了，太平公主非但没失势，而且还被太子请回了长安。

这下薛谦光和慕容珣倒了大霉了。

经过太平公主的运作，皇帝李旦指责薛谦光和慕容珣身为御史，却想投机取巧，明明应该直言上谏，却畏惧权贵，专等太平公主离京后弹劾，不仅投机心理严重，而且涉嫌离间皇帝和太平公主的骨肉亲情。

到了这个地步，薛谦光和慕容珣的御史生涯也就到头了，薛谦光被贬为岐州州长，慕容珣被贬为密州司马。

由此可见，弹劾也是一个技术活。

在薛谦光和慕容珣之后，曾经得罪过太平公主的太子少保韦安石也被太平公主算计了一把。原本此时的韦安石已经官居中书令，然而太平公主借李旦之手把他委任为尚书左仆射兼太子宾客、同中书门下三品。看起来韦安石的官职高了，官衔长了，其实是明升暗降，中书令是实职，尚书左仆射、太子宾客、同中书门下三品都是虚职，一实一虚，差的不是一星半点。

与薛谦光、慕容珣、韦安石这些人不同，"公主管家"窦怀贞则得到了实实在在的提升，不久他便从御史大夫升任侍中，成为实实在在的宰相团成员。

看来，在做对事的同时，还要跟对人。

有人曾经总结过现在的职场，总结出要想往上升，要有三个行：

你行，有人说你行，说你行的人行。

三个行，是不是有一定的道理呢？

窦怀贞，要你说呢？

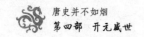
大 洗 牌

写唐朝历史最苦恼的就是唐朝的"群相制",唐朝的"群相制"有点像现代的内阁,宰相不止一个,而是一群。最要命的是,这一群宰相的任期还不是固定的,现代社会的内阁一般都有任期,四年、五年一届各国不太一样,只要任内不发生天大的丑闻,一般内阁成员都能干上个四年、五年。

唐朝却并非如此,宰相的人数不固定,任期更加不固定,任期长的有几十年,比如长孙无忌,任期短的有几十天,比如窦怀贞这个"公主管家",从上任到下台,前后不到一个月。不过,唐朝宰相制度也有一个好处,那就是能上能下,担任宰相的次数没有严格限制,只要皇上需要,随时可能将闲置多年的前宰相再扶上马。

正是由于唐朝宰相的"能上能下"给了太平公主洗牌的机会,公元711年十月三日,洗牌开始。

这一天,皇帝李旦登上承天门,召集宰相们宣读诏书:

政教多阙,水旱为灾,府库益竭,僚吏日滋;虽朕之薄德,亦辅佐非才。

一句话,现在国家的形势不好,一方面是因为皇帝的恩德不够(自谦之词),另一方面是因为你们这些宰相不是真正的宰相之才。

前一句话是砖,后一句话是玉!

诏书宣读过后,全体宰相就地免职,另有安排。

随即公布新任宰相名单:

> 侍中刘幽求
>
> 左散骑常侍魏知古
>
> 中书侍郎崔湜
>
> 中书侍郎陆象先(成语"庸人自扰"正是出自此人之口)

这份宰相名单是太平公主指定的名单,无疑,这是一份平衡各方面势力的名单。

刘幽求大家都不陌生,唐隆政变的主力,李隆基的死党,让他当宰相,就是给李隆基一个面子;魏知古则是一个中间派,谁的人都不是;崔湜,铁杆太平公主派,对于他,太平公主寄予厚望,因为崔湜不仅年轻,而且英俊,而且有才，而且跟太平公主的关系非同一般，基本上相当于半个驸马；陆象先呢？他是陪崔湜读书的。

原来，在听说太平公主要提拔自己当宰相时，崔湜提出了自己的想法：陆象先的名望很高，众人都认为他具备宰相之才，如果我跟他一起提名，我就接受，如果不跟他一起提名，我宁愿不当这个宰相。

说白了，崔湜是底气不足，他想用陆象先给自己挡风！

这样，陆象先就成为太平公主"买一赠一"的赠品，正品是崔湜，赠品是他陆象先。

不管怎样，新的宰相班子配齐了，各派势力得到了均衡。

然而这样的均衡又能持续多久呢？

偷鸡不成

青史留名的太平公主究竟是聪明女人还是笨女人？

说她是聪明女人吧，她在与李隆基的博弈中居然连续出现昏招。

说她是笨女人吧，她一度把李隆基逼得疲于招架，狼狈不堪。

她究竟是聪明女人还是笨女人呢？

要我说，聪明女人和笨女人其实只隔着一层窗户纸，凡事能做到恰到好处的就是聪明女人，过犹不及的则是笨女人。

太平公主本质上是聪明女人，只是她聪明反被聪明误！

公元712年七月，天空出现了彗星，在现代看来，这只不过是一次普通的天文现象，而在古代，这一切被神化了。

众所周知，中国古代讲究"天人感应"，他们把自然界的一些现象归结为上天示警，因此一旦国家出现灾难，很多皇帝都会压缩饮食，以示虔诚，表明自己已经收到了上天的短信息，正在努力做一个好皇帝。

具体到天文现象，就代表着王朝祸福的征兆，比如彗星，估计便是每个王朝最不待见的东西，所以彗星在古代有"扫把星"的说法，既是说彗星的形状像一个扫把，也在另一方面说明古代人认为彗星代表着不吉利。

现在大大的扫把星在大唐王朝上空出现，很多人看到了，天文学家看到

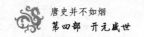

了，太平公主也看到了。

这时太平公主灵机一动，她想做一下彗星的文章。

经过太平公主的授意，懂天文的法术师来到了皇帝李旦的面前，他告诉李旦：彗星出现，代表着世间将废旧立新，况且帝座和心前星发生了变化，这意味着太子要当皇帝了。

换作一般皇帝，此时的反应应该是条件反射般地跳起来，大骂一声：小兔崽子，他敢！

但李旦不是一般皇帝，他是历尽磨难、两次登基的皇帝，他没有条件反射般地跳起来，而是淡淡地说："传德避灾，吾志决矣！"（把皇位传给有才德的太子，而我又能避过灾祸，我已经下定决心了！）

这下太平公主坐蜡了！

按照她的计划，李旦应该在听完法术师警告后大发雷霆，然后一怒之下将李隆基废黜，这才是一个皇帝的正常反应，而不是现在这样。

其实，这就是太平公主不了解自己的哥哥了，自己这位哥哥半生在屈辱中度过，早就养成了宠辱不惊的习惯，对于他而言，皇帝也好，亲王也罢，一生平平淡淡才是真。他们兄弟八人，能得善终的又有几人？他早已看透了发生在皇位之上的上上下下，他真的有些厌倦了。在他年轻气盛时，他想过做一个好皇帝，可惜他的母亲不给他机会；在他年近五十时，他本已经做好当一辈子平安王爷的准备，可惜他的妹妹又把他推上皇位。

知我者谓我心忧，不知我者谓我何求。

算了，争来争去，争到手的又是什么呢？

淡定的李旦就此下定退位的决心，这一下让太平公主坐立不安。

一旦李旦退位，李隆基继位，自己这个姑姑还有好果子吃吗？这不是忙活了半宿，却错过了天亮吗？不行，必须阻止李旦退位。

太平公主不仅亲自出马，还发动站在自己身边的人轮番出马，目的只有一个，一定要阻止李旦退位。面对众人的劝说，李旦平静地说："中宗在位时，群奸用事，天象屡屡示警，我劝他早立太子，以化解天变，没想到还惹得他不高兴，我也惶恐不已，好几天都吃不下饭。现在同样的情况在我身上发生，难道我只会说别人，自己却做不到吗？"

话说到这个份上，太平公主只能转身去找一堵墙，此刻她除了挠墙还能做什么呢?

几乎与此同时,戏剧性的一幕发生了。

得知消息的李隆基火速进宫,跪倒在李旦的面前,满怀忐忑地问道:"儿臣只是立有微薄之功,就超越大哥成为太子,这已经让儿臣惶恐不安,唯恐不能胜任,现在陛下又要让位于儿臣,这是为什么呢?"李旦回应说:"社稷之所以安定,我之所以能得天下,都是你的功劳。现在帝星有变,传位可以避祸趋福,你不用再怀疑了!"

请注意,这段话后半部分可能是真的,前半部分可能是假的。

不过,无论哪部分是真,哪部分是假,李旦要让位的事实却是真的,这是让李隆基惴惴不安的事实,也是让太平公主追悔莫及的事实。

这一切的一切,只因为太平公主对自己的哥哥了解得还不够。

作为被太平公主推上皇位的皇帝,李旦对太平公主百依百顺,但同时陷入两难之中,一边是热衷于权力的妹妹,一边是日益成长的儿子,他这个中间人既没有能力调和他们的矛盾,又不能睁着眼睛视而不见,让眼睛正常的他装白内障,他做不到。

他唯一能做到的是,眼不见,心不烦!

公元712年七月二十五日,李旦下诏,将皇位传给太子李隆基。

面对这纸诏书,太平公主哭笑不得,本来是想拿彗星说事把李隆基拉下太子之位,没想到,适得其反,反而提前把他送上了皇位。

千错万错,都怪图纸拿反了,本来是要挖一口井,结果给人盖了一个烟囱。

到了这个时候,太平公主仍然没有放弃,她又提出了建议,尽管李旦让位,但不要放弃所有权力,还是应该过问一下国家大事,也就是说一些核心权力还是要握在手中。

李旦想了一下,也同意了。

接到诏书的李隆基惴惴不安地走了进来,此时此刻他的心里也没有底。

这时李旦开口了,他对李隆基说:"你是不是觉得国家事务重大,还需要我过问一下?那好吧,昔日舜禅让给禹,还要亲自出外巡守,我虽然退位,但还会过问国家大事的。"

顺着舜和禹的话题延伸一下,古往今来很多人都以为尧舜禹禅让是千古美

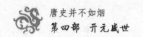
德，其实这一切都是皇帝的新装，赤裸裸的谎言。

所谓禅让，都只不过是权力争夺的伪装。

李旦所说的舜亲自出外巡守其实是一次流放，真实情况是舜被禹流放到千里之外的蛮荒之地苍梧（今湖南省宁远县），苍梧距离当时的国都（今山西省永济市）航空距离一千二百公里。

所谓巡守，就是有多远，走多远！

舜最终死在苍梧，他的潇湘二妃将泪水洒在竹子上便产生了后世的"湘妃竹"。潇湘二妃在哭过痛过之后，皆赴水而死。刘心武先生从《红楼梦》中的"潇湘馆"入手，大胆推测，林黛玉的人生结局并非病死，而是如同潇湘二妃一样，赴水而死。

回过头继续说李旦和李隆基的这次禅让，这次禅让的诏书于七月二十五日下达，八月三日，二十八岁的李隆基正式登基称帝，这便是历史上的唐玄宗。

公元712年八月三日堪称李隆基和太平公主斗争的分水岭，在这之前，太平公主占据上风，在这之后，太平公主虽然依然占据上风，但败局早已在八月三日这一天奠定。

因为在这一天，李隆基披上了一件外衣，皇帝的合法外衣！

正是这件合法外衣，最终要了太平公主的命。

磨刀霍霍

李隆基登基之后，朝廷的格局跟以往似乎没有太多的不同，只不过以前他和李旦是太子和皇帝的关系，现在则是皇帝和太上皇的关系。

按照李旦的规定，太上皇李旦自称"朕"，发布的命令叫"诰"，皇帝李隆基自称"予"，发布的命令叫"制"。另外太上皇李旦每隔五天在太极殿接见群臣，皇帝李隆基则每天在武德殿接见群臣处理国家大事，三品以上官员、重大刑罚判定以及重大国事决策由太上皇决定，其余由皇帝决定。

看上去，跟以往似乎一样。但名分是最致命的，以前李隆基是太子，如果私下做动作就属于非法，现在他是皇帝，你什么时候见过说皇帝非法的呢？

有名分，没名分，天差地别。

现在彗星事件已经成为过去，朝中又进入暂时的平静之中，不过这平静的海面下正隐藏着不平静，李隆基和他的死党，正酝酿着一场天崩地裂。

此时在李隆基的身边活跃着一个人，这个人叫王琚，正是这个人的出现，把李隆基引上了与姑姑太平公主彻底决裂之路。

王琚是河内人（今河南省沁阳市）人，六年前曾经参与王同皎谋杀武三思的密谋，不想，王同皎的计划被诗人宋之问得知并告发，结果王同皎死于非命，而参与此事的王琚从此流落天涯，四处逃命，最后流落到扬州，进入一个富商的家里，靠给富商写写算算维持生计。久而久之，富商察觉这个人并非奴仆出身，而是一个有才气的人，便把自己的女儿嫁给了王琚。

扬州的生活持续了几年，一直持续到韦皇后倒台，李旦登基，这时王琚才跟富商说了实话，自己本来是要走仕途的，然而卷入谋杀武三思事件才流落天涯，现在新君登基，他还想到京城寻找机会。

通情达理的富商随即资助了王琚一些盘缠，王琚便回到长安寻找机会，几经努力，他搭上了李隆基这条线，通过李隆基的关系谋到了诸暨主簿的职位。如果是一般人对这个职位也就满足了，然而王琚是一个有野心的人，他想要的不仅仅是一个诸暨主簿。

按照常规，到地方赴任之前需要向推荐自己的人叩谢，王琚按照常规来到了东宫，并大摇大摆地走进了东宫。王琚走路的姿势是不可一世的，一边晃着膀子，一边抬着鼻孔看天，旁边的宦官提醒他说："你注意点，殿下就在里面呢！"

等的就是这句话！

王琚大声回应道："什么殿下？当今天下人只知道太平公主！"

哪壶不开提哪壶，不是王琚眼神差，而是他别有用心，这句话就是王琚的敲门砖。

果然，李隆基马上接见了王琚，两人一番对话，李隆基的心结逐渐解开。

原本李隆基也纠结于太平公主和父亲的骨肉亲情，但王琚一番点拨让李隆基开了窍：天子之孝，与凡人不一样，当以安祖庙社稷为重。汉朝时，盖长公主是皇帝刘弗陵的姐姐，从小把刘弗陵抱大，感情不能说不深，可是有罪时照样诛杀。天子为江山社稷，不能拘泥于小节！

王琚这番话是致命的，他帮李隆基捅破了亲情的窗户纸，在太平公主还停

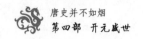

留在政治斗争层面时，李隆基已经做了最坏的打算，他比太平公主多想一步，最终他就赢在这一步。

王琚随后被留在了李隆基身边，然后不断擢升，先是当正七品的太子司直，后是当正五品的太子舍人，等李隆基登基之后，升任从三品的中书侍郎。诸暨主簿是从九品副股级，中书侍郎是从三品副部级，王琚用他的经历表明，人在官场，关键还是做对事，跟对人。

与王琚的蠢蠢欲动相同，李隆基阵营中的一些人的心思也动了，他们对现状还是不够满意，因为他们知道李隆基虽然是皇帝，但是一个权力打了折扣的皇帝。

蠢蠢欲动的人中，有一个人格外扎眼，这个人就是李隆基的铁杆死党刘幽求。

以刘幽求的资历，他是有资格享受胜利果实的人，在李隆基登基之后，他出任尚书右仆射，同时是宰相之一。这个位置对于一般人而言已经足够高，对于刘幽求而言，还有进步空间，他还想当尚书左仆射同时兼中书令。

想法不可谓不好，只是被人捷足先登。

就在刘幽求梦想进步的同时，尚书左仆射和中书令的位置迅速被人占了，出任尚书左仆射的是公主管家窦怀贞，出任中书令的是公主的半个驸马崔湜。

如同饭里吃出一个苍蝇，刘幽求又郁闷了。

这时刘幽求的心思又动了，看来不铲除太平公主这些人，自己永无出头之日，那么就再来一次政变吧，反正已经搞过一次唐隆政变，再来一次又如何。

随即刘幽求就跟右羽林将军张暐密谋，准备动用羽林军再搞一次政变。

两人商议完后，刘幽求让张暐向李隆基报告：窦怀贞、崔湜、岑羲皆因公主推荐进位宰相，日夜图谋不轨。我们如果不早动手，一旦他们起事，太上皇怎能安宁！请速诛之。臣已与刘幽求定计，只等陛下的命令。

早已过了亲情关的李隆基当即表示同意，政变进入倒计时。

就在李隆基痛下决心准备铲除太平公主一党时，意外发生了。

起因是右羽林将军张暐是个大嘴巴，这个大嘴巴又把密谋兵变的计划告诉了侍御史邓光宾，经过邓光宾的小广播，一传二，二传三，政变就成了保健品广告了。

李隆基惊了，这都是一帮什么人啊？

先下手为强，敏锐的李隆基火速给太上皇上了一道奏疏：父皇，有人想政变！

随后，刘幽求、张晔、邓光宾都被打入大狱，等待他们的是茫茫未知的判罚。

经过研究，刘幽求被控离间骨肉罪该处死，如果没有人捞他，刘幽求的结局便是一刀两断。幸好，李隆基现在是皇帝，说话是有分量的，他把刘幽求等三人一起捞了出来，不过死罪可免，活罪难逃。

刘幽求被流放到封州，张晔被流放到峰州，邓光宾被流放到绣州，全部是岭南地区，传统的蛮荒之地。张晔所流放的峰州在今天的越南永安县，刘幽求流放的封州在今天的广东封开县，而邓光宾的绣州在今天广西的桂平市。

事情到此就算完了吗？

不，远远不算完。

在刘幽求流放的路上，有人已经安排好杀手，只等他到封州之后动手。

想对刘幽求动手的是中书令崔湜，这一回他是恩将仇报。

原本在李重福谋反时，崔湜曾经被牵连进去，因为他接受过李重福馈赠的腰带，如果没人出面说情，崔湜的一生就到头了。关键时刻还是刘幽求和张说替崔湜说了好话，这才把崔湜捞了出来。不过刘幽求和张说都没有想到，崔湜就是《农夫和蛇》里的那条蛇，在他苏醒过来之后，就开始狠狠地噬咬当初的救命恩人。

先遭殃的是张说，他被崔湜伙同太平公主免去宰相职务，改为尚书左丞并发往东都洛阳安置。现在遭殃的是刘幽求，崔湜想要的是刘幽求的命。

在刘幽求踏上流放路的同时，崔湜下令给广州都督周利贞，密令他在刘幽求到封州报到后弄到广州斩草除根。周利贞不是一般的狠人，当年敬晖等五王就是死于他之手，现在他把刀擦亮了，只等刘幽求来。周利贞从此开始了漫长的等待，结果左等不来，右等不来，一打听才知道，刘幽求在桂林住下了，不来了。

谁这么大胆，敢私自收留朝廷的流放犯。

收留刘幽求的是桂州都督王晙，他提前知道了崔湜和周利贞的阴谋，因此在刘幽求路过桂林时就把刘幽求留了下来，好酒好肉伺候着，就是不放他去封州。周利贞急了，不断用朝廷公文催促，崔湜也急了，屡屡向王晙施压，敦促

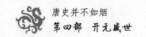

王晙把刘幽求送到封州。

刘幽求的心里也没底了，他不愿意连累王晙，他说："您对抗正当权的宰相来保护我这个流放犯，恐怕终究不能保全，只会白白连累您。"

王晙却不以为然："你犯的又不是连朋友都要跟你绝交的罪，你所做的一切都是为了国家。我如果因为保护你而受到迫害，也没有什么可遗憾的!"

还得感谢那个时候山高皇帝远，王晙就这样硬扛着把刘幽求保护了下来。

他们的经历或许正可以诠释英语中的一句谚语：A friend in need, a friend in deed!

英语就是麻烦，套用成语：患难见真情!

刀兵相向

有些路，走了之后，就无法回头。

刘幽求密谋的政变虽然流产，但李隆基与太平公主的对峙并没有结束，相反，愈演愈烈。

到公元713年六月，李隆基的朝廷中，宰相人数达到了七人，分别是尚书左仆射窦怀贞、中书令萧至忠、侍中岑羲、检校中书令崔湜、同中书门下平章事陆象先、兵部尚书同中书门下三品郭元振、右散骑常侍魏知古。七位宰相，前五位均由太平公主推荐，后两位由李隆基推荐，敌我双方之比达到了五比二。

当然陆象先是个特例，他是太平公主"买一赠一"的赠品，陪崔湜读书的，虽然由太平公主推荐，但他并非太平公主的死党，当窦怀贞、萧至忠等人每天都往太平公主府颠颠跑的时候，他始终不去，孑然独立。

除了笼络了四位宰相，在宰相之下，也有很多忠于太平公主的人，按照《资治通鉴》的记载，李隆基的朝廷中，忠心于太平公主的官员占多半，如果你是李隆基，这个皇帝你怎么当?

除了头疼，还是头疼。

由于这段历史经过李隆基的干预，因此接下来的记载是真是假，不好下结论。

《资治通鉴》这样写道：

> 太平公主与窦怀贞、岑羲、萧至忠、崔湜及太子少保薛稷、雍州长
> 史新兴王李晋、左羽林大将军常元楷、知右羽林将军李慈、左金吾卫将
> 军李钦、中书舍人李猷、右散骑常侍贾膺福、鸿胪卿唐晙及僧慧范等谋
> 废立，又与宫人元氏谋于赤箭粉中置毒进于皇帝。常元楷、李慈数往来
> 主第，相与结谋。

按照这个记载，太平公主不仅在朝中形成了自己的势力，还想秘密毒死李
隆基，并且，左羽林大将军常元楷和代理右羽林将军的李慈也投入了太平公主
的门下。

这个记载有可能是真的，也有可能是假的，以太平公主的智商她应该能想
到自己与侄子已经到了刀兵相向的地步，要么杀人，要么被杀，提前做好准备
也是可以理解的事情。

然而，从太平公主之前的连续昏招来看，她也可能毫无准备，而是醉心于
自己对现有朝政的把控。究竟太平公主有没有磨刀霍霍、图谋不轨，现在已经
说不清了。但是，不管太平公主有没有准备，可以肯定的一点是，李隆基已经
有准备了。

站在李隆基一边的人已经按捺不住了，他们都在催促李隆基动手。已经升
任中书侍郎的王琚依然是最起劲的一个，他对李隆基说："事情紧迫，我们必
须抢先动手！"

不久，李隆基又收到了一件礼物，这件礼物是张说从东都洛阳派人送来
的，李隆基打开一看，里面是一把刀。

刀！

一刀两断！

随后，荆州长史崔日用也来了，他也劝李隆基动手，并且建议动手之日一
定要先收取禁军兵权，然后再铲除逆党，先后顺序一定要分清楚。

李隆基点了点头，随即将崔日用留在了长安，别回去了，就地当吏部侍
郎吧！

至此，李隆基已经下定了决心，既然在政治上不能斗垮太平公主一党，那
就让他们的肉身消失。

公元 713 年七月初，右散骑常侍魏知古带来了一个惊人的消息：太平公主计划于本月四日作乱，令常元楷、李慈以羽林兵突入武德殿，窦怀贞、萧至忠、岑羲等在南衙（政府所在地）举兵应之。

时间，地点，人物，全齐了，看来对方准备动手了！

有道是"尽信书则不如无书"，如果完全相信史书的记载，我们多半是无法得知真相的。这个记载向我们表明，李隆基铲除太平公主一党其实不是有意为之，而是被迫自卫，这是不是跟太宗李世民的玄武门之变有些像呢？

都是强调对方已经起了杀机，而本方是出于自卫，典型的正当防卫。

历史是由胜利者书写的，怎么说都是本方有理，毕竟对方已经是死人了，你见过死人写国史吗？

综合分析，魏知古带来的这条消息可能是假的，为的就是激发李隆基一方的斗志，进而提高起兵的胜算。

得到魏知古的消息，李隆基随即召集自己一方的官员，相比于太平公主的阵营，他的阵营有些寒酸，多数都是跟他拐弯抹角的兄弟或者亲戚。

主力名单如下：

> 岐王李范（兄弟）
>
> 薛王李业（兄弟）
>
> 兵部尚书郭元振（大臣）
>
> 中书侍郎王琚（大臣）
>
> 龙武将军王毛仲（家奴）
>
> 殿中少监姜皎（大臣）
>
> 太仆少卿李令问（大臣）
>
> 尚乘奉御王守一（大舅哥）
>
> 内给事高力士（贴身宦官）
>
> 果毅李守德（亲信）

这就是李隆基起兵的主力名单，有兄弟，有大舅哥，有贴身宦官，还有几个比较得力的大臣。

在这份名单中值得说道的是王毛仲，他本来是高句丽人，后来成为李隆基的家奴，在唐隆政变时的预定名单上就有他，可是到了关键时刻他却脚底抹油溜了，直到政变后数天，他才出来，又回到李隆基的身边。李隆基非但没有怪罪，反而一直留在身边，这一次又把他列进了名单。

这一次王毛仲靠得住吗？

这一次王毛仲没有辜负李隆基的信任。

公元713年七月三日，李隆基开始动手，他的身后是这些核心成员，在这些核心成员后面是王毛仲调集的三百多人和三百匹马，这就是李隆基起兵的全部家当。

按说这个阵容有点寒酸，但李隆基的心里却很有底，因为此时此刻，他的身上穿着一件普天之下最合法的外衣——皇帝的龙袍！如果是太子李隆基率领三百余人进宫，那是逼宫作乱；但皇帝李隆基领兵，这就不是作乱，而是清理门户！

领兵起事的李隆基一路畅通无阻，从武德殿入虔化门，命人召来左羽林大将军常元楷和代理右羽林将军李慈，李隆基只说了一个字：斩！

随后，李隆基又到了内客省（礼宾馆），火速逮捕中书舍人李猷、右散骑常侍贾膺福。

接下来李隆基来到了朝堂，一进门便看到了萧至忠和岑羲，没有二话："斩！"

尚书左仆射窦怀贞消息灵通，提前溜了，不过跑进山沟之后自觉没有生路，就在一棵树上结束了自己的人生。即便这样，李隆基还是不准备放过他，命人割下了窦怀贞的脑袋，并且赐了一个姓：毒！

事情异乎寻常地顺利，看来有无合法外衣差别非常之大。

不过毕竟是三百多人的乱哄哄闯宫，还是惊动了太上皇李旦，李旦知道是李隆基起事，但他不知道李隆基的底线，万一这孩子……

这时李旦的身边还有一些大臣，于是李旦高喊一声："愿意助朕者留下，不愿意的走！"

片刻犹豫之后，大臣们分成了两部分，一部分作鸟兽散，一部分拥着李旦跑到了承天门。

兵部尚书郭元振原本是支持李隆基的，而在这个时候，他却护着李旦一起跑到了承天门。

这是为什么呢？或许是他的职责使然。

身为兵部尚书，如果不能救君于危难之中，那还算一个合格的兵部尚

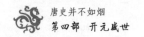

书吗？

正是一念之差，郭元振临时跑到了护送李旦的一边，并且一起登上了承天门。

承天门上，李旦命人写下了在场大臣的名字，这份名单是将来论功行赏的证物。

承天门下，李隆基已经带兵扑了上来。

对于这段历史李隆基遮遮掩掩，但是历史的真相还是若隐若现。

历史的真相是，李隆基不仅与太平公主有矛盾，与父亲李旦也有矛盾。

虽然李旦将皇位让给了李隆基，但在李隆基看来，父亲李旦的态度是暧昧的，正是他的暧昧态度，导致自己处处受姑姑掣肘。如果父亲旗帜鲜明地站到自己一边，那么姑姑根本没有还手之力，而他偏偏左右摇摆，举棋不定。

李隆基这次起兵，目的是一箭双雕，一只雕是姑姑太平公主，一只雕便是父亲李旦。他既要一举铲除太平公主的势力，同时也要逼父亲彻底让位，做一个真正有职无权的太上皇。

父子在承天门上下对峙，这时就需要一个和事佬，给李旦、李隆基父子披上一块遮羞布。

到哪里找和事佬呢？

远在天边，近在眼前。兵部尚书郭元振。

郭元振上前一步说道："皇上刚才是奉您的命令诛杀窦怀贞等人，现在已经没事了，陛下不必惊慌！"

李旦虽然受到惊吓，但他很快反应了过来，自己下没下过诛杀窦怀贞的诏书，他比谁都清楚，不过事到如今，他只能顺坡下驴了。李旦点点头说："好，很好！"

这时李隆基登上了承天门，父子在承天门上相见。这次相见，双方五味杂陈，复杂的感觉，可以参考玄武门之变后李渊和李世民的父子相见。

皇家的父子，世界上最不正常的父子。

一天之后，李旦下诏：自今以后，所有军国大事一律由皇帝处理。朕追求清静无为，修身养性，以遂平生心愿。

至此，李旦由一个管大事的太上皇彻底转变为不管事的太上皇，他也是继高祖李渊之后，唐朝的第二个太上皇。

不过他并不孤独，后面还有两个呢，其中一个就是他的皇帝儿子李隆基。

机关算尽太聪明

说了半天热闹，太平公主哪去了？

她跑了！跑了足足三天。

太平公主眼看苗头不对，便一溜烟跑到了山上的寺庙之中，躲了整整三天。

然而太平公主知道，这种事情躲得过初一，躲不过十五，躲是没有意义的，天下之大已经没有她的藏身之处，只能回去找侄子李隆基碰碰运气。

回来之后，太平公主便听说了李旦彻底退位的消息，她意识到自己已经在劫难逃。

千算万算，还是让侄子给算计了，自己机关算尽，到头来还是误了自己的性命。

回望自己的一生，就像是大梦一场，辉煌过，失落过，得意过，失意过，现在这一切都结束了。回想当年的唐隆政变，是不是从那时起自己就犯下了一个错误？或许那时就不应该把自己那位软弱的哥哥推上皇位。本来是把他们爷俩请来给自己打工的，现在人家翅膀硬了，自己却无家可归，无路可走了。

在绝望中，太平公主在家中自杀，结束了自己波澜壮阔的一生，也结束了为他人做嫁衣的一生。

与太平公主一同结束一生的还有她的两个儿子，他们也在跟随母亲享受完荣华富贵后跟人间告别。在太平公主三个儿子中，只有薛崇简成为漏网之鱼，他能漏网，是因为他曾经跟李隆基一起发动唐隆政变，而在那以后，他一直站在李隆基一边，而不是自己母亲一边。

不过从此之后，漏网之鱼薛崇简再也不能姓薛了，他只能跟李隆基姓了，李隆基说，你跟他们不一样，朕就赐你姓"李"吧。不知道薛崇简在谢主隆恩的同时心里在想些什么，他是在庆幸自己站对了队，还是欲哭无泪呢？

在太平公主之后，另外两个聪明人也结束了自己的一生，他们是太子少保薛稷，中书令崔湜。

薛稷在唐朝历史上是有一席之地的，他工于书法，与虞世南、欧阳询、褚遂良并称初唐书法四大家，他的书法师傅是褚遂良，他的曾祖父是隋朝名臣薛道衡，而他的外祖父更有名，唐朝名臣魏征。

薛稷原本在李旦的手下混得不错，他的儿子还娶了李旦的女儿，两人结成了儿女亲家，李旦二次登基之后，薛稷更是受尽恩宠。然而，在站队的问题上，六十多岁的薛稷没有擦亮双眼，他一不小心站到了太平公主那一边，结果这次不小心，将他的一生断送，最终被李隆基赐死。一代书法大家就这样因为站错队告别了人世。

在薛稷之后，聪明人崔湜的一生也定格了，他的人生定格在四十二岁。

原本崔湜有翻身的机会，李隆基在起兵之前，一度想将崔湜收为己用，可惜大好的机会被崔湜错过了。在他进见李隆基之前，他的弟弟"崔九"（崔涤）提醒他，皇帝问你什么，你一定要如实回答，结果崔湜不以为然，便错过了解套的机会。

李隆基起兵成功之后，崔湜也受到了清算，不过相比于窦怀贞、萧至忠、岑羲，李隆基认为崔湜的危害不大，只是以崔湜曾经与太平公主上床为由流放到窦州（今广东省信宜市）。

大难不死，崔湜庆幸不已，流放的路上一直庆幸自己捡了一条命。

然而，崔湜的庆幸并没有维持多久，不久，他的庆幸到头了。

雍州长史新兴王李晋在处斩前把崔湜咬了出来，他悲愤地说道："叛乱的密谋最先是崔湜提出来的，现在我要被处斩，而他却还活着！"

崔湜完了！

随后，宫女元氏又招供，崔湜曾经授意自己下毒毒害皇帝。

神仙也救不了了。

不久，已经走到湖北荆州的崔湜接到了新的处罚：勒令自杀！

聪明人的日子走到头了！

到这时，李隆基的宰相班子空了一大半，窦怀贞、萧至忠、岑羲、崔湜全都作古，他们都是聪明人，只可惜选错了主子，站错了队。如果他们地下有知，他们应该羡慕同样出自太平公主推荐的陆象先，人家为什么立场那么坚定，出淤泥而不染呢？

历史事实证明，陆象先的处世哲学他们学不了。陆象先除了平时谈吐高雅，给人高人一等的感觉外，在关键时刻，他的品格令世人敬仰。

前面说过在危难时刻李旦曾经大喊一声"助朕者留，不者去"，并且有过一份记录跟随李旦登承天门的名单。起兵结束之后，李隆基派陆象先去收集这份名单，他要看看到底有哪些人，在关键时刻站到了太上皇一边。

然而陆象先空着手回来了，李隆基问："名单呢？"

陆象先说："烧了！"

烧了，陆象先你有没有搞错？

李隆基顿时大发雷霆，这时陆象先却一脸平静："起兵之时，惊恐慌乱，那些保护太上皇登承天门的官员是忠君之事，救君之难。陛下何苦再追查，难道君王有难，一个个都逃跑才是对的吗？"义正词严，掷地有声，陆象先一番话让李隆基没了脾气。本来还想追查，现在只能不了了之。

这就是陆象先，既有原则，又机智过人，怪不得正品崔湜栽了，而他这个"买一赠一"的赠品却依然屹立在王朝的朝堂之上。

总结陈词，崔湜是小聪明，陆象先是大聪明。

第三章　来来往往

重新洗牌

公元 713 年七月四日，随着太上皇李旦彻底退位，唐朝历史进入真正的李隆基时代。

从这时起，李隆基开始洗牌。

在李隆基起兵之前，朝中总共有七名宰相，经过李隆基的整肃，现在只剩下三名，分别是陆象先、郭元振、魏知古。

这三个人会继续留在李隆基的朝堂之上吗？

只能走一步看一步。

不久李隆基接见了陆象先，对于这位陆宰相，他已经神交已久了。

陆象先当初是作为太平公主"买一赠一"的赠品进入宰相行列，碍于面子他还是经常参加太平公主组织的宰相聚会。在一次聚会中，太平公主提议将李隆基废黜，与会的窦怀贞、萧至忠、岑羲、崔湜当即表示同意，陆象先却提出反对意见：既然太子是因为建立功勋而成为太子，那么就必须是有罪才能废。现在太子并没有罪，公主却提议废黜，我陆象先不敢苟同。

后来这句话辗转传到李隆基耳朵里，李隆基顿时肃然起敬。

这次接见，李隆基对陆象先说了一句话，让陆象先听了心里热乎乎的。

李隆基说："天气寒冷才知松柏不凋，先生您做到了！"

说话说到这个份上，陆象先理应受到李隆基的继续重用，然而事与愿违，十余天后，陆象先被免去宰相职务，出任益州长史兼剑南道按察使，从此他的人生与大唐王朝宰相再无交集。

虽然陆象先从此再没有担任宰相，但也不影响他青史留名，在他担任地方官员时，一向主张宽仁施政，与民生息，并且留下了一句名言：天下本无事，只是庸人自扰之。

"庸人自扰"即由此而来。开元二十四年，七十一岁的陆象先走完自己的人生路，李隆基给他的谥号为"文贞"。

在陆象先之后，淡出宰相行列的是兵部尚书郭元振。

他的淡出看上去有些冤。

原本在李隆基起兵成功后，郭元振被当作功臣晋封为代国公，享实封四百户，赐物一千缎。从这个赏赐来看，李隆基确实把郭元振当成了功臣，郭元振自己也是这样认为的。

错觉一直延续了三个月。

三个月后，李隆基翻脸了，起因是一次阅兵。

公元 713 年十月十三日，李隆基在骊山之下举行了盛大的阅兵式，参加阅兵的有二十万人，旌旗绵延五十里。

李隆基的脸上一片阳光灿烂，他对眼前的大场面非常满意，然而随着阅兵的进行，李隆基的脸色越来越难看，从阳光灿烂转化为晴间多云，最后转化到阴云密布。

"军容不整，兵部尚书罪无可赦！"

这就是找碴了，找的就是兵部尚书郭元振的碴。

一声令下，刚刚还在陪同检阅的兵部尚书郭元振就被五花大绑押到了军旗下，李隆基要将他问斩治罪。

这时刘幽求和张说一看不好，赶紧跪下来替郭元振求情："郭元振有大功于社稷，不能杀，请陛下开恩。"

李隆基勉强同意了，不杀也行，那就流放新州（今广东省新兴县）。

流放郭元振后，李隆基还不解气，命人将给事中、代理礼仪官唐绍问斩，理由是由他制定的军礼不够严谨，导致军容不整。

本来李隆基高喊将唐绍问斩也只是虚张声势，为自己扬威而已，并不是真要处斩，只要有人出来给唐绍说一下好话，这事就算过去了。这时一员将领站了出来，金吾卫将军李邈。

李邈以迅雷不及掩耳盗铃铃儿响叮当之势高喊一声："得令！"

一挥手，斩！

李隆基的"虚张声势"演砸了，他没想到金吾卫将军李邈是个死心眼，根本没看出里面的阵势。

君无戏言，李隆基只能将错就错任由士兵将唐绍处斩，只可惜唐绍白白赔上了一条命，怪只怪李邈给个棒槌就当针（真）了。

不久，李隆基给李邈下了一道诏书：免除所有官职，回家养老，永不起用！

拍马屁是个技术活，李邈这样的死心眼玩不来。

同唐绍的冤死相比，郭元振的处境也好不到哪去，本来以为会成为李隆基的肱股之臣，没想到仅仅三个月就被李隆基推下了万丈深渊，郭元振始终想不明白，自己到底什么时候得罪了李隆基。

郭元振没有想到，早在三个月前他就把李隆基得罪了，地点就在承天门。

李隆基起兵时，按理说他是李隆基的人，他却保护着太上皇李旦跑到了承天门。虽然保护太上皇是忠君之事，但这个举动让李隆基把郭元振看成了太上皇的人，而不是自己的人。

不是李隆基自己的人，李隆基还会用吗？想都别想。只是要给群臣树立一个榜样，李隆基不得不把郭元振树为典型，并给予一系列封赏，这都是做给群臣看的。

再者，郭元振知道的事情太多了，他亲眼见证了太上皇李旦和皇帝李隆基的最后博弈，只要他在李隆基面前出现，李隆基就会想到当天的承天门。

结合以上两点，郭元振的宰相生涯就到头了。

被流放新州不久，李隆基给了郭元振一个台阶，将他委任为饶州司马，然而这个台阶对于郭元振来说是不够的，这个从武则天时代就兢兢业业的老臣一直心绪难平，耿耿于怀，结果在前往饶州赴任的路上即告病逝，享年五十七岁。十年后，李隆基追赠郭元振为太子少保，算是给他一个事后补偿。

山歌里说，山路十八弯，或许李隆基的心里，八十道弯。

郭元振之后，硕果仅存的宰相便是魏知古，他的处境还算不错，虽然李隆基免去了他的宰相职务，还是将他派往东都洛阳主持选官工作，相比于陆象先、郭元振，也算得到重用。

如同麻将，前面的牌被推倒重来，李隆基仔细洗了一下牌，然后又竖起自己的新牌：刘幽求、张说、姚崇。

翻身做主

一朝天子一朝臣，用在李隆基和刘幽求身上尤其合适。

在七月四日之前，刘幽求还是流放封州的流放犯，靠着桂州都督王晙的保护才勉强保住了一条命，苟延残喘，能不能看到明天的太阳都需要买份保险。七月四日之后，刘幽求拨得云开见日明，他的主子李隆基终于将帝国的权柄全部握在手中，刘幽求的好日子随之来临。

八月二日，流放犯刘幽求被擢升为尚书左仆射、平章军国大事，他再一次成为宰相。

某一年的春节晚会中，黄宏有一句经典台词：从街道办调到国务院，全家跟着都灿烂。

相比于刘幽求，从街道办调到国务院，似乎还差了点传奇！

与刘幽求一样，曾经被太平公主和崔湜拉下相位排挤到洛阳的张说也翻身了，他由尚书左丞直接擢升为中书令，再次成为宰相。

张说这个人也很神奇，他的一生先后三次出任唐朝宰相，这是他第二次当宰相，多年之后，他还有一次当宰相的经历。

现在刘幽求、张说已经各就各位，该到姚崇了。

姚崇也是一个老熟人了，在唐朝的诸多宰相中，他至少可以排到第二位，前两位便是著名的房玄龄和杜如晦，这是唐太宗贞观年间的宰相，姚崇则跟宋璟组成唐玄宗开元年间的宰相组合。很难说，这两大宰相组合孰高孰低，毕竟所处时代不同，硬要比较就是韩复榘他爹的"关公战秦琼"了。

公元713年的姚崇已经六十三岁了，这个老资格的大臣已经走完了人生的大部分路，他的一生经历比较奇特，仅是名字就变来变去。

姚崇本来不叫姚崇，而叫姚元崇，姚元崇这个名字一直叫到了五十余岁，

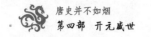

却再也叫不了了，因为武则天不让他叫了。

管天管地管空气，难道还管姚崇的名字？

武则天并非空穴来风，她是有原因的。

原来这个时候正好突厥的叱利元崇向武则天的周朝进攻，武则天非常讨厌听到这个名字，于是就让姚元崇改了名字，省得与那个突厥人相提并论。这一改，姚元崇就改为了姚元之，《旧唐书》上的说法是，姚元之是武则天赐的名字，《新唐书》则说"元之"本来就是姚元崇的字，现在不叫名了，直接叫字。

等到李隆基将年号改为"开元"，姚元之也不能叫了，得避讳，中间的"元"字只能收藏了，这时武则天早已作古，索性姚元之又改回姚元崇，再把中间的"元"字收藏。六十三岁的老头终于有了不需要再改的名字——姚崇。

说完姚崇的名字，再来说姚崇的第三次出任宰相。

姚崇和张说一样，一生中也是先后当过三次宰相，第一次当上宰相是武则天时代，他当时的职务是兵部尚书、同中书门下三品，第二次当宰相是睿宗李旦登基之后，职务依然是兵部尚书、同中书门下三品。在与宋璟一起打压太平公主不成后，姚崇和宋璟便被赶出了长安，担任地方刺史，这一任就是两年。

李隆基登基后，开始洗牌，他将原来的七名宰相清洗干净之后，就把刘幽求和张说推上了前台，不过他最大的目标是姚崇。如果能让姚崇出任宰相，一个属于自己的全新时代就有可能来临。

十月十四日，骊山阅兵一天后，李隆基来到渭川打猎，按照惯例，天子巡守时，方圆三百里的地方官有义务前去面圣，姚崇正准备动身，结果李隆基的使节先到了："陛下想见你，请速速动身。"

经验老到的姚崇知道，皇帝不会无缘无故召见，既然召见，就一定有大事发生，他在心中盘算了一下，想好了应对之策。

君臣见面，二人先从打猎说起。

李隆基问道："你会打猎吗？"

姚崇回应说："小时候曾经练过，二十岁时我在广成泽附近居住，经常以呼鹰打猎为乐。后来别人说我是当官的材料，不能在打猎上浪费时间，于是我就放弃了，开始发愤读书，走入仕途。有小时候打下的底子，现在打猎也没问题。"

李隆基闻言，非常高兴，便拉着姚崇一起上马，到野外打猎。

一边打猎，一边闲谈，君臣二人越谈越投机，这时李隆基说出了此行的目的：你应该当宰相辅佐朕了。

姚崇什么反应呢？

他毫无反应。

装的！为了试探。

李隆基很是奇怪，姚崇怎么了，天大的好事到了他的头上，他怎么不谢恩，反而无动于衷呢？正在李隆基疑惑不解时，姚崇翻身下马，跪在地上启奏道："臣先跟陛下说十件事，如果陛下觉得不可行，臣就不得不拒绝陛下。"

李隆基说："好，你说说看！"

姚崇随即将自己提前酝酿好的十件事和盘托出：

> 宽仁施政，可乎？
>
> 不贪图边功，可乎？
>
> 宠臣犯法一视同仁，可乎？
>
> 宦官不得干政，可乎？
>
> 租赋之外不得滥赏，可乎？
>
> 外戚不得担任宰相以及各部高官，可乎？
>
> 善待大臣，可乎？
>
> 群臣可以直言进谏，可乎？
>
> 停止一切道观佛寺建设，可乎？
>
> 外戚不得干政，一切以国家利益为重，可乎？

由此想到电影《少林寺》里的场景：

觉远最后剃度，大和尚问他："不杀生，戒淫欲，汝今能持否？"

觉远满含热泪、声音颤抖着回应道："能持！"

这一幕看得我热泪盈眶，因为觉远的这句"能持"就意味着他与情投意合的牧羊女今生无缘，想要有交集，只能来生再续缘了。

或许人生最不浪漫的事便是，明明相爱，却要分开。

扯远了，继续说姚崇的十件事。

佛教中有八戒的说法，因此《西游记》里的二师兄叫猪八戒；

现在姚崇向李隆基提出了十件事，如果李隆基答应，他就是"十戒"。

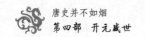
这时李隆基说话了："好，我都答应你，这下你可以当我的宰相了吧！"

六十三岁的姚崇斩钉截铁地说："我愿意！"

从此，姚崇、刘幽求、张说成为李隆基的宰相成员，按照惯例，他们将展开亲密无间的合作。

他们能亲密无间吗？

如果鹦鹉和狸猫能够共处，他们就能！

钩心斗角

古龙说，有人的地方就有江湖。

现在姚崇、刘幽求、张说便一起走进了江湖。

实际上，在姚崇没上任之前，姚崇和张说的斗争已经开始了，因为张说不想跟他成为同僚。张说斗姚崇，乍看有些不好理解，你当你的宰相，姚崇当他的宰相，谁都不挨着，有什么好斗的？

这就得说官场的斗争了，官场的斗争，很多就是这么来的，不是当事双方的性格使然，而是官场的格局使然，因为古往今来的官场，从来都是僧多粥少，而且粥还有稀稠之分，竞争便在所难免。张说与姚崇的斗争，就如同当代社会同时竞争某个职位的两个人，从私交上或许还是不错的朋友，从工作上他们便是你下我上的对手，在这个时候，没有朋友可言，有的只是对手。

当李隆基动了让姚崇出任宰相的念头时，张说已经敏感地意识到危机的来临。

论资历，姚崇比他资深得多；论能力，姚崇的能力世人皆知；论交情，姚崇曾经跟宋璟向太平公主奋力一击，虽然没有成功，但对李隆基的忠心可表。

各方面都在自己之上的姚崇如果回来出任宰相，自己的空间还会有多少呢？

张说决定出手，一定要阻止姚崇拜相。

他先出了第一招：弹劾。

御史大夫赵彦昭按照张说的意思参了姚崇一本，本以为能就此动摇姚崇在李隆基心中的位置，没想到李隆基根本不为所动，弹劾的拳头打在棉花上，任何响声都没有。

接着张说又出了第二招，这一招以推荐为名。

替张说出面的是殿中监姜皎，他是不久前跟随李隆基起兵的功臣之一，此时正受着李隆基的恩宠。

姜皎说："陛下之前不是一直苦于没有河东总管的合适人选吗？微臣替陛下找到了一个。"李隆基顿时来了兴趣："哦，谁啊，说来听听！"

姜皎说："姚元之（姚崇）文武全才，正是河东总管的合适人选。"

姜皎说完便直愣愣地看着李隆基，如果李隆基点头同意，姚崇就算被张说算计了，宰相当不上了，只能当河东总管了。

张说高估了自己，同时又低估了李隆基。李隆基听完，顿时变了脸色："这一定是张说的主意，姜皎你竟敢当面骗我，这可是死罪！"

姜皎顿时吓蒙了，欺君之罪可不是闹着玩的。好在姜皎现在正受恩宠，李隆基也给他留了面子，在姜皎跪下求饶认错后，也就把姜皎放了，这事暂且按下不提。

李隆基不提，并不意味着姚崇不提，以姚崇的人脉，他早就知道了张说在背后的小动作，他忍而不发，一直等待着机会。

现在轮到张说着急了，他非但没能阻止姚崇拜相，反而眼睁睁地看着姚崇升任同中书门下三品兼中书令，得势的势头非常迅猛。

张说知道，自己现在无法从李隆基那里得到更多的支持，毕竟姚崇跟李隆基走得更近，当务之急是从外围做一下李隆基的工作，找一个李隆基最信得过的人帮自己说说好话。

张说把目标锁定了岐王李范，岐王是李隆基的亲弟弟，他说话是有分量的，如果傍上岐王这条线，肯定有益无害。

一天夜里，张说便乘坐马车前往岐王李范的府中拜访，详尽说明了自己的效忠之意，李范也频频点头，宾主相谈甚欢。心里有了底的张说心情愉悦地离开了岐王府，回家路上心情格外高兴，却没有注意到，在他进入岐王府的同时，有一双眼睛一直在盯着他。

第二天上朝，姚崇一瘸一拐地来了，李隆基看着姚崇，有些惊讶。

"你的脚有病吗？"李隆基问。

"臣的脚没病，却有心腹之疾。"姚崇回道。

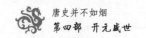
李隆基当即意识到，姚崇有话要说。

"有什么心腹之疾，说给朕听听！"

姚崇正色说道："岐王是陛下的至亲兄弟，张说是陛下的辅臣，张说却躲到车里秘密前往岐王府拜访，我怕岐王会受到误导，所以心里担忧。"

同样是给对方下绊，姚崇技高一筹。

姚崇抓住了李隆基的心理，但凡皇帝对宗室都很忌惮，张说身为宰相却不经皇帝同意私自拜访岐王，这就是图谋不轨。

还有比这更致命的小报告吗？

几天后，张说倒了，免除宰相职务，出任相州刺史，本来他给姚崇挖坑，结果姚崇没掉进他的坑里，他却掉进了姚崇的坑里，这就是中年狐狸跟老年狐狸斗，差着道行呢。

掉进坑里的张说从此又开始慢慢地往上爬，等他从坑底爬回地面再次出任宰相，已经是九年之后，而他与姚崇的争斗并没有就此结束，他们的争斗一直持续到姚崇人生谢幕。

与张说倒台同时，尚书左仆射刘幽求也倒了。

刘幽求被免去尚书左仆射、同中书门下三品，改任为太子少保，尚书左仆射、同中书门下三品是宰相，是实职，太子少保则是闲职，能把好人闲出病的闲职。

刘幽求为什么倒台呢？难道他也招惹了姚崇？

他本人没有招惹姚崇，是他的职位招惹的，因为姚崇想要大权独揽。

公元713年的这次拜相是姚崇的第三次拜相，也是他人生中的最后一次拜相，这时他已经六十三岁了，他想真正放开手脚地做点事情。

在拜相之前，他向李隆基提出的十件事，一定程度上就是他的施政纲领，在他的心中已经有了施政的蓝图，容不得别人再来对他指手画脚。然而，现有的群相制显然不能满足姚崇的胃口，如果还是群相制，宰相班子里堆着一大帮人，你说一句，我说一句，集体负责，那就是都不负责，这不是姚崇想看到的。他想要的是自己掌握话语权，而其他少数几个随声附和。

显然，刘幽求不是合适人选，他是唐隆政变的主力，不会任由自己摆弄。

既然这样，只能让他离开，省得碍手碍脚。

姚崇的想法与李隆基不谋而合，李隆基也想让刘幽求离开。

这又是为什么呢？

卸磨放驴

共患难易，同富贵难。

自古以来，功臣难当。

虽然李隆基在大权在握后便把刘幽求从流放犯擢升为尚书左仆射，但是这并不意味着他将重用刘幽求，他之所以这么做，只是做出一个报恩的姿态，他心里明白，刘幽求不是他现在所需要的人。

如果说唐隆政变时，刘幽求是李隆基不可或缺的主力，那么现在马放南山，刘幽求已经没有了使用价值，以前他是主力，现在他连替补都不是。

对于这样的功臣，李隆基也有些头疼，他不能背上"忘恩负义"的骂名，只能选择让刘幽求慢慢淡出权力中心，而在这之后，又需要让他远离长安。众所周知，功臣一旦淡出权力中心后，心中难免会产生抱怨，刘幽求又是有过政变经历的人，这颗随时有可能爆炸的雷是不可能再留在长安的。

看起来，李隆基的所作所为有些不近人情，其实，他并不是第一个这么做的皇帝，几乎历朝历代的皇帝都是这么做的，汉高祖刘邦、明太祖朱元璋比他做得还过分，相对温柔的是宋太祖赵匡胤的"杯酒释兵权"。李隆基效仿的是曾祖太宗李世民，细心的读者可以发现，玄武门之变后，曾经一顶一的得力干将尉迟敬德、秦叔宝、程知节都淡出了权力中心，原因只有一个，国家安定之后，猛将已经没有使用价值。

失去使用价值的刘幽求便这样从宰相高位栽了下来，从流放犯到宰相，从宰相再到太子少保，前后不过四个月的时间。

令刘幽求没有想到的是，三个月后，他连太子少保也当不成了。

他被人举报了。

刘幽求被人检举说："太子少保刘幽求对自己的职位有怨言。"

这个举报非常致命。

在古代，如果一个官员被举报"有怨言"，事情便可大可小，大到可以满门抄斩，小到可以批评教育，下不为例。

李隆基接到举报后，便把审问刘幽求的任务交给了姚崇，这个安排更加要命，这就是让黄鼠狼当养鸡场的保卫科科长。

与刘幽求一起受审的还有太子詹事（太子宫主管）钟绍京，这也是当年唐隆政变的主力，正是他调集皇家园林里的园丁参加政变，为李隆基立下大功。一度钟绍京被推到了中书令的高位，后来又被拉了下来，辗转出任太子詹事这个闲职。

姚崇经过一番审问，很快定了案：刘幽求等人都是功臣，一下子被安排到闲职，肯定有些沮丧，这也是人之常情。他们的功劳很大，受的恩宠也比较深，一旦把他们逮捕下狱的话，恐怕会让远近之人都担心。

言下之意，逮捕下狱就不必了，不过该有的处罚还得有。

这正是姚崇想要的结果，也是李隆基想要的结果。

不久，刘幽求被贬为睦州（今浙江省建德市）刺史，钟绍京被贬为果州（今四川省南充市）刺史，两个唐隆政变的功臣从此与权力中心渐行渐远。

被贬出长安的刘幽求后来又出任杭州刺史，开元三年又从杭州调任桂阳刺史，然而就在从杭州到桂阳的途中，郁闷的刘幽求连气带怨，终告不治，享年六十岁。

钟绍京的结局比刘幽求稍好一些，他辗转在各地当了一些小官，再见到李隆基已经是开元十五年。面对着李隆基，钟绍京痛哭流涕："陛下难道不记得当年的事了吗？您怎么忍心把臣抛在荒外，终年看不见长安的皇宫。当年一起起事的如今都不在了，只剩下臣这么一个衰老头，陛下难道不可怜可怜吗？"

顿时，李隆基神色黯然，他知道亏欠这些老臣的太多了，随即将钟绍京留在长安，委任为银青光禄大夫，颠沛流离十几年的钟绍京终于得以在长安终老，享年八十余岁。值得一提的是，钟绍京擅长书法，乐于收藏，手中收藏有王羲之、王献之、褚遂良书法数十卷。

在刘幽求、钟绍京被贬之后，另外一个受尽恩宠的人也遭到了贬黜，这个人便是曾经一直鼓动李隆基向太平公主下手的王琚。

王琚参加了李隆基的起兵，在胜利之后一直享受功臣的待遇，而且他生性诙谐幽默，深得李隆基的欢心，一时不见，李隆基便会思念，偶尔王琚休假不去上朝，李隆基就会派宦官到王琚的家中邀请。然而好景不长，不久之后，李隆基就接到一些大臣的忠告：王琚诡计多端，可以一起消除祸事，但共享太平却很难。

这种忠告十有八九是出自忌妒，但李隆基还是听了进去，在他的前半生中，他见多了宠臣弄权为祸的例子，他当然不想在自己的身上也发生。

在这以后，李隆基对王琚渐渐疏远，不久就让他兼任御史大夫，到北方巡视军队。

又过了一些日子，便发生了刘幽求和钟绍京被人检举的事件，本来与此事无关的王琚也被卷了进来，他被指认为刘幽求的同党，唉，发牢骚也有同党。

这样王琚再也没有资格巡视了，他被贬为泽州刺史，彻底地远离了权力中心。

多年后，王琚被李林甫诬陷，在流放的路上被勒令自杀，死非其罪，当时的人都认为他死得冤。

又过了数年，李隆基追赠了他的官职，算是给他翻了案。

从刘幽求到钟绍京，从钟绍京到王琚，只能得出一个结论：君无常心，毕竟皇帝的恩宠历来是中国古代的四大不靠谱之一。

都有哪四大不靠谱呢？

春寒、秋暖、老健、恩宠。

春寒：春天的寒冷是不靠谱的，因为夏天即将来临；

秋暖：秋天的温暖是不靠谱的，因为冬天即将来临；

老健：老来的健康是不靠谱的，因为能不能见到明天的太阳是个未知数；

恩宠：君王的恩宠是不靠谱的，因为它如同热带雨林上空的雨，说来就来，说走就走！

刘幽求，钟绍京，王琚，同意请举手！

第四章 救时宰相

管理的学问

公元713年十二月一日，李隆基宣布更改年号，新年号为"开元"。

"开元"这个年号是有讲究的，意味着李隆基想要开创一个全新的时代，后来的事实证明，他做到了。

李隆基改元之后，便开始发力，与他一起发力的是他新任命的宰相姚崇，而与姚崇搭班子的呢，不再是刘幽求和张说这些人，而是卢怀慎，这是一个能力低下的道德先生。

从这时起，唐朝的宰相制度悄悄发生了变化，在此之前，唐朝的宰相实行"群相制"，宰相不止一个，而是一群。现在情况发生变化，姚崇的宰相班子里只有两人，除了他就是卢怀慎，姚崇是主力，卢怀慎是非主力，主力和非主力搭班子的格局由此形成惯例。

宰相班子已经建立，姚崇开始将全部精力投入国家事务上来，他的从政经验丰富，这些事务都难不倒他，然而，不久之后他在李隆基面前找不到北了。

这天，姚崇拿着一份官员升迁名单来找李隆基，这份涉及中下级官员的名单他已经拟订好，来找李隆基，也就是走一个程序汇报一下。

就是这个汇报，让姚崇找不到北了。

姚崇说："陛下，这里有一份关于中下级官员的委任名单，我给您汇报一下。”

李隆基没有理他，抬头看着屋顶。

姚崇以为李隆基没听见，又说了一遍。

李隆基依然没有理他，继续看屋顶。

姚崇有点儿不相信自己的眼睛和耳朵，又重复了一遍。

李隆基继续把他当空气，继续看屋顶。

姚崇蒙了，汗顿时流了下来，皇帝的葫芦里卖的什么药啊，莫非对我不满？

姚崇眼看李隆基不搭理自己，便屏住呼吸，行了礼，退了出去。回办公室的路上，姚崇百思不得其解，为什么呢？皇帝到底怎么了？难道我什么时候得罪他了？

姚崇走后，一直站在李隆基身边的宦官高力士说话了：“陛下，您最近才亲自处理国家大事，自然应该当场给大臣们作出指示。刚才姚崇向您请示，您却不说话，这恐怕不是虚心纳谏的做派。”

这时李隆基说话了：“我任用姚崇当宰相，国家大事他自然应该跟我商量，但中下级官员任命这样的小事就不用再麻烦我了吧，他身为宰相，全权处理就可以了！”

高力士这才明白了李隆基装哑的意图。

姚崇还在百思不解的时候，高力士来了，他把李隆基的话原原本本地转述给姚崇听，姚崇茅塞顿开，高，实在是高！

姚崇连忙向高力士道谢，心里更是对李隆基充满了感激。

从这个事件来看，李隆基是一个不折不扣的管理高手，他知道什么叫“抓大放小”，他的管理手法远在诸葛亮之上。

《三国演义》中有这样一个桥段：

司马懿问诸葛亮派来的使节：“你们丞相忙吗？”

使节说：“忙，军中二十军棍以上的刑罚他都要亲自过问，所以很忙，忙不过来。”

司马懿又问：“他吃饭的胃口如何？”

使节说：“吃得很少。”

使节走后，司马懿说：“诸葛亮命不久矣！”

这就是诸葛亮和李隆基的差距，诸葛亮连二十军棍这样的小事都要过问，李隆基却连中下级官员的任命都不过问。结果呢，诸葛亮鞠躬尽瘁、死而后已，在他的身后蜀汉迅速灭国，李隆基则把大唐王朝带到了开元盛世，创造了封建王朝的巅峰。

其实善于"抓大放小"的名人有很多，伟大领袖毛泽东就是其中的一个，他有一句名言：如果连我都要用枪，红军就危险了。他不是用枪的人，他是运筹帷幄指点江山的人，正是他的"抓大放小"，才有了辽沈、淮海、平津三大战役的胜利。

管理是一门学问，很深很深的学问。

下车伊始

得到李隆基的支持，姚崇干劲十足，很快他就做了三件大事。

第一件，查处全国的假和尚、假尼姑。

从唐中宗李显执政之后，皇亲国戚争相建造寺庙，以为这样可以为自己祈福，在建造寺庙的同时，还剃度一些平民为僧，这些平民并非真的想剃度，而是冲着和尚可以免税的优惠。

不仅皇亲国戚钻政策的漏洞，一些富户也钻这个漏洞，富户中的精壮男子本来有义务向国家交租赋，结果人家迅速剃度成了和尚，然后光头就是免税的证明。

姚崇经过调查发现，这股歪风必须要制止，不然长此以往，和尚、尼姑遍地都是，交税的人却没了。李隆基迅速批准了姚崇的奏疏，全国上下立刻展开了清查假和尚、假尼姑的行动，只要发现并非真心想出家的，一律勒令还俗。

最后一盘点，全国清理出一万两千名假和尚、假尼姑，数量相当惊人。

第一招收到效果，姚崇很快做了第二件大事。

这件事有点难度，涉及的人位置有些高。

这件事涉及薛王李业。

薛王李业的舅舅叫王仙童，这是一个恶霸，仗着身后有薛王李业撑腰，大行侵吞百姓财产的坏事，百姓苦不堪言。后来王仙童的劣迹被御史上报给了李隆基，然而御史的奏疏刚到，薛王李业就来说情了。

面对自己的手足兄弟，李隆基有些为难，如果不给李业面子，会让李业难堪，但是给了李业面子，王仙童这样的恶霸就会逍遥法外。李隆基思来想去，还是把皮球踢给了姚崇和卢怀慎："你们去查查吧，如果情况属实便严惩不贷，如果不属实就要治御史的罪。"

如果是一位顺杆爬的宰相，或许此时就会做个顺水人情，把御史治罪了事，然而姚崇不是，他不会顺杆爬，他尊重的是事实。姚崇回去查了一下，很快回来报告：王仙童的罪状明明白白，御史大夫所言不虚，应该治王仙童的罪！

薛王李业哑口无言，只能眼睁睁看着姚崇将舅舅治罪。

自此，皇亲国戚的行为收敛了不少，他们知道连薛王李业都没有面子给，何况他人。

姚崇的第二件大事惩办了王仙童，但也得罪了薛王李业。

这还不算完，不久他又做了第三件大事，这次得罪的是申王李成义。

李成义的事其实很小，只是想帮自己府里的阎楚珪升一下官，阎楚珪原来是从九品的王府录事，李成义想把他升为正七品的王府参谋。本来从九品升正七品对于这样一个亲王来说根本不是难事，况且李隆基也答应了李成义的请求。

没想到，事情到了姚崇那里，行不通了。

姚崇抓住了一个漏洞，关于这次升官，李隆基没有下达手令。

按照李隆基先前的旨意，如果是王公和驸马托付的事情，皇帝批准后应该给宰相下一道手令，没有手令，一律不办。

现在姚崇就抓住了这个漏洞，他上奏李隆基："陛下说过，没有手令一律不能办。"

姚崇预计到李隆基会补发手令，他接着说道："臣窃以为，量才为用、授予官职是有关部门的事情，陛下如果因为是亲属宠臣就授予官职，恐怕有些不妥。臣分析过最近的一些情况，认为这样会破坏国家法度！"

姚崇把所有的路都堵死了。

结果，阎楚珪的升官梦想愣是没有实现，因为有一个坚持原则的姚崇在那里等着。

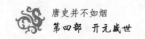

三件大事办完，一个贤相的模样便跃然纸上。

不过姚崇的青史留名，还得靠随后的蝗灾。

蝗虫事件

公元715年，姚崇遇到了难题。

崤山以东，蝗虫泛滥。

在科学不发达的古代，自然界的很多现象都被神化了，蝗灾也被神化，很多人固执地认为，这是上天发怒，向人间示警。这样一来，蝗虫就不是蝗虫了，而是上天向人间示警的使者，于是多数老百姓不敢捕杀蝗虫，反而在田间地头焚香祷告，跪求蝗虫嘴下留情，吃两口就打道回府（晚了就坐不上公共汽车了）。

祷告有用吗？

老百姓认为有用，姚崇却坚定地认为没用，因为他是一个唯物主义者。

面对蝗灾，姚崇提出了自己的建议：火速往各地派出御史，敦促各地消灭蝗虫，保护庄稼。

这个在今天看来很简单同时无比正确的决定居然遭到了很多人的反对。反对者认为，蝗虫太多了，灭也灭不掉，倒不如别得罪它们，它们可是上天派来向人间示警的。

反对最起劲的是汴州刺史倪若水。倪若水说："消除天灾还得靠积德，昔日汉赵国的刘聪就捕杀过蝗虫，结果怎么样，蝗灾反而更严重了，所以说还得靠积德！"

倪若水不是说说而已，他身体力行，拒不接受姚崇的命令，还对姚崇派去监督灭蝗的御史拒绝入境。

姚崇怒了，他马上给倪若水写了一封信：

你说的那个刘聪是个非法皇帝，他的德行压不住妖孽，现在我们明君在位，德行自然胜过妖孽。历史记载，古代有贤良太守，蝗虫都不进入他的辖区内，你说修德就可以避免蝗灾，那么现在你的辖区内蝗虫泛滥成灾，是不是因为你不修德呢？

看完信，倪若水哑口无言，不能再跟宰相对着干了，不然"不修德"的帽子扣下来可不是闹着玩的。倪若水火速投入到灭蝗工作中去，最后一统计，在他的汴州境内，有据可查的死蝗虫有十四万石，扔进河里水葬的蝗虫不计其数。

灭蝗工作虽然取得了巨大胜利，反对的声音依然不绝于耳。这些声音又进入了李隆基的耳朵里，李隆基有些含糊了，他是相信"天人感应"的，他自认为是天子，那么现在发生蝗灾就是他那叫作"天"的老爹不高兴了，向他发怒呢。按照姚崇的建议，这样大肆捕杀蝗虫，是不是对天不敬呢？

李隆基决定找姚崇问问。

被召来的姚崇对李隆基说："这些庸儒死抠书本，不懂得变通之道。凡事有时要违反经典而顺乎潮流，有时要违反潮流而合权宜之计。昔日北魏时，崤山以东有蝗虫，就因为不忍捕杀结果庄稼被吃光了，最后发展到人吃人；后秦时，蝗灾更甚，庄稼和草木都被吃光了，最后牛马饿急了只能相互啃毛。现在黄河以南、以北的百姓家里都没有太多余粮，如果任由蝗灾发展，他们颗粒无收就只能逃难了，所以捕杀蝗虫关系到国家安危，马虎不得。就算不能将蝗虫全部捕杀干净，但总比眼看它们啃吃庄稼泛滥成灾强。陛下好生恶杀，此事不需要出敕，容臣出牒处分。若不能把蝗虫消灭干净，臣这身官爵，并请削除。"

姚崇所说的"敕"指的是皇帝下令，"牒"指的是宰相下令，类似于今天的主席令和国务院总理令。姚崇不让李隆基出"敕"而由自己出"牒"，说白了是愿意把所有的问题都自己扛，忠心表到这个程度，李隆基也就不好不同意了。

回到办公室，一直跟姚崇搭班子的卢怀慎出来说话了，他小心翼翼地对姚崇说："大肆捕杀蝗虫，恐怕会伤了天地的和气吧！"

人和人的差距就是这么大，卢怀慎这样的人居然跟姚崇搭班子，按照他的说法，任由蝗虫漫天飞舞倒是不伤和气了。

荒谬。

姚崇看了卢怀慎一眼，开口说道："昔日楚惠王曾经吞下过蚂蟥，但他的病却好了，孙叔敖曾经杀过双头蛇，他的一生却很有福气。难道我们不忍心杀蝗虫，却忍心看着人因为蝗虫活活饿死吗？"

接着姚崇又说了一句话："如果捕杀蝗虫会招致祸事，我姚崇愿意一人

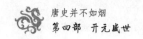

承担!"

名垂青史其实不需要说太多话，有时一句就够了!

不久，在姚崇的指挥下，崤山以东的蝗虫基本被消灭，百姓避免了流离失所，这一切都是因为唯物主义者姚崇的坚持!

向唯物主义者致敬。

无限风光

凭借李隆基的支持，姚崇在开元初年大展拳脚，老而弥坚。

姚崇能在短短几年内做出那么多业绩，还得归因于宰相制的改革。如果还是群相制，姚崇还是无法脱颖而出，而在开元初年，宰相只有两三人，与姚崇搭班子的只有卢怀慎一人。

说起这个卢怀慎，可以用两个字概括：好，熊。

卢怀慎是个好人，但不是一个能人，他比能人多了四个点，熊人!

从个人品质而言，卢怀慎甚至在姚崇之上，他清谨俭素，不经营自己的财产，所得俸禄多数都分给了亲戚朋友，而自己的老婆孩子却经常处在吃了上顿没下顿的"嗷嗷待哺"状态。

这就是卢怀慎，一个道德层面的圣人。

这个道德层面的圣人，也是一个行政层面的熊人。

有一次姚崇的一个儿子去世了，姚崇便请了事假回家专心料理儿子的丧事，一下子就有十几天没来上班。这十几天对于姚崇来说是悲痛的，白发人送黑发人，人生最悲痛的事情莫过于如此；这十几天对卢怀慎来说，也是最难熬的，每天都是度日如年。

与姚崇搭班子以来，他一直都是充当副手，姚崇点头他点头，姚崇画圈他画圈，时间长了，人送外号"伴食宰相"。

现在姚崇这根主心骨不在，让他这个"伴食宰相"挑大梁，这就是把癞蛤蟆逼到公路上，愣是让它冒充迷彩小吉普了。十几天下来，政事堂的公务堆积如山，"伴食宰相"卢怀慎目瞪口呆，不知所措，只好进宫来向李隆基汇报，起码争取一个好态度。

李隆基看着卢怀慎，他知道这是一个好人，但他更知道这是一个熊人，于是便说道："我把天下事都交给姚崇，却把你安排到了可有可无的位置上。"

李隆基的意思很明白，本以为你是一把锥子，谁知道你是个棒槌。

面红耳赤的卢怀慎忐忑不安地退了出来，继续回到中书省发呆，心中只能乞求姚崇节哀顺变，尽快回到工作岗位上。

几天后，姚崇回来了，看到了堆积如山的公务。姚崇二话不说，开始处理，不一会儿的工夫，小山消失了，积累了十几天的公务处理完毕。

这时姚崇不免有些得意，便问站在一旁的中书舍人齐澣："我当宰相，可以与古代的哪个宰相相提并论？"

齐澣还没来得及回答，姚崇便追问："比管仲、晏婴如何？"

齐澣想了一下说道："管仲、晏婴之法虽然不能流传后世，成为万世之法，但是至少在他们的任期内是保持不变的。您所制定的法，却经常变化，似乎您跟他们二人没法比。"

姚崇接问道："那么你如何评价我呢？"

齐澣说："您可以称为救时宰相。"

闻听此言，姚崇大喜，顺手把笔扔到桌子上，说："救时宰相，那也不容易啊！"

千古良相也好，救时宰相也罢，总之在开元初年，姚崇是李隆基不可或缺的重臣。对于姚崇，李隆基的恩宠日甚一日，而姚崇不知不觉也登上了无限风光的顶峰。

开元四年十一月，在姚崇受尽恩宠的同时，"伴食宰相"卢怀慎却抵达了人生终点，他患病一病不起，最终撒手人寰，身后家中一贫如洗，只有一个老仆愿意卖身为他料理后事。

道德层面的圣人，行政层面的熊人，生活层面的矮人。

在卢怀慎去世后，原尚书左丞源乾曜接替了他的位置，他的功能跟卢怀慎一样，当一枚绿叶，陪衬姚崇这朵红花。

正在这新旧宰相交替的当口，姚崇却病倒了，他患上了疟疾。

李隆基听说后，非常着急，接连派出使者到姚崇借住的罔极寺看望，一天之内，竟然多达数十次，基本上这个使者前脚刚走，那个使者后脚就到。

在此期间，源乾曜挑起了工作的重担，每天进宫向李隆基汇报。

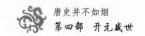

如果汇报正合李隆基的心意，李隆基便会笑着说道："这一定是姚崇的主意。"如果汇报不合李隆基的心意，李隆基便会板着脸问："为什么提前不跟姚崇商量？"这时源乾曜便赶忙回应："陛下所言极是，确实没跟姚崇商量过。"

一句话，好主意都是姚崇的，馊主意都是源乾曜的。

在这种思维的主使下，一有大事，李隆基便指示源乾曜去罔极寺征求姚崇的意见，毕竟姚崇的经验丰富。源乾曜连忙点头称是，于是往罔极寺跑的次数更多了。

不久，源乾曜给李隆基上了一道奏疏：鉴于罔极寺的条件不好，建议把姚崇安排到皇家礼宾馆暂住，这样有利于姚崇身体恢复。

源乾曜上奏疏时并没有跟姚崇通气，等姚崇知道后，连忙上奏疏反对，自己一个带病之人，入住存有公文档案书籍的皇家礼宾馆非常不合适。这时李隆基说话了："有什么不合适的？皇家礼宾馆本来就是为各级官员设立的，让你住，是为了江山社稷。只恨不能让你住在宫中，入住皇家礼宾馆算什么！"

听到这番话，姚崇除了感动，还是感动。

恩宠，无限风光的恩宠。

罢　相

人生一世，生老病死无法抗拒，顶峰过后是低谷的客观规律也无法抗拒，只要是人，就一定有顶峰，有低谷。

姚崇是人，他有顶峰，同样也有低谷。

就在姚崇受尽皇帝恩宠、冲上人生顶峰的同时，他的人生低谷已经向他发出了召唤。

两年前的一番君臣对话，早已为姚崇日后跌入低谷埋下伏笔。

那是在开元二年，宰相魏知古从东都洛阳返回长安之后。

魏知古本是小吏出身，在他的仕途上，姚崇就是他的贵人，在姚崇的不断提携下，魏知古不断升迁，后来经姚崇提名，他也成为宰相班子的一员，同卢怀慎一起给姚崇搭班子。

魏知古一直对姚崇充满感激，直到一个出人意料的任命出现。

当时，姚崇将魏知古委任为代理吏部尚书前往洛阳主持官员的选拔工作，从这个安排来看，洛阳的官员选拔，魏知古便是最高长官，他的意见便是最后意见。令魏知古没有想到的是，就在他自认选官工作可以圆满结束时，吏部尚书宋璟来了，他是奉姚崇之命来做最后审查的。也就是说，洛阳的选官工作，魏知古说了还不算，宋璟的意见才是最后意见。

这一下让魏知古有些恼火，明明先把我派出主持选官工作，现在又把宋璟派来验收我的工作，这不仅是不尊重，而且是不信任。

令魏知古更难堪的是，他身为宰相，却要听命于宋璟，偏偏宋璟还不是宰相！

这个出人意料的任命改变了魏知古对姚崇的看法，从此感恩的心消失了，取而代之的是怨恨的心。从洛阳返回长安，魏知古越想越气，索性到李隆基那里参了姚崇一本，因为他抓住了姚崇的软肋。

要说姚崇的软肋确实是官场中人普遍的软肋，那就是管不好身边的亲属子女。

姚崇尽管名垂青史，跻身良相行列，但他同样没有管好自己的儿子。他的两个儿子当时正好在洛阳为官，凭借着老爹的声威，这两个儿子在洛阳没少干以权谋私的事。

两位公子哥不仅知道老爹的能量，还知道老爹曾经提拔重用过哪些人，于是他们便找到了曾经受老爹恩惠的魏知古，为别人跑官要官，而且不是一次两次。

开始时魏知古对姚崇抱有感恩的心，对于两位姚公子的要求也会尽量满足。然而，现在情况不同了，他已经开始怨恨姚崇，两位姚公子的作为正好成为魏知古告发姚崇的杀手锏。

告完状的魏知古出宫后，李隆基便找来了姚崇。

君臣二人一如平常地聊着天，李隆基看似随意地问了一句："你的儿子品性、才干如何，现在当什么官？"

六十多岁的姚崇毕竟经验丰富，他意识到这绝不是一次简单的聊天，李隆基突然过问自己的儿子，那么一定是有人告了他们的状。他马上想到了魏知古，这个最近对自己有些怨恨的家伙很有可能告了状。姚崇从容不迫地说："臣总共有三个儿子，其中两个在东都洛阳为官，他们俩平时做人不太严谨，

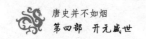

肯定曾经找过魏知古帮忙，只是臣还没有来得及过问。"

李隆基本以为姚崇会为自己的儿子隐瞒，没想到他倒先来了个开诚布公，李隆基很是高兴，问道："你怎么知道？"

姚崇回答说："魏知古还是小吏时，我像母鸡爱护小鸡一样爱护他，我的儿子们愚钝，他们以为这样魏知古就会感激我，进而包容他们胡作非为，结果给魏知古添了很多麻烦。"

这就是姚崇的高明，他不动声色地将魏知古推到了"忘恩负义"的深渊，人家对你有大恩，你却连人家的儿子都不包容，反而还告黑状。

李隆基被姚崇的坦诚"感动"了，更对魏知古的忘恩负义感到愤慨，顿时起了将魏知古流放的念头。

这时姚崇又显示出自己的高风亮节，好说歹说让李隆基放弃了流放魏知古的念头。

不过，没过多久，魏知古还是被免去宰相之位，被贬为工部尚书。

仅仅从这个结果看，魏知古告状事件以姚崇大胜结束。

事情远没有那么简单，李隆基表面上对姚崇信任有增无减，但他是装出来的，只是忍而不发。李隆基在忍，在观察，尽管他抓大放小，放手让姚崇去干，但这并不意味着他对姚崇的所作所为视而不见。

在这几年中，他看到了很多事情，他看到了姚崇的两个儿子依然不知收敛，揽权受贿的事情时有发生，官场中人对于这两位公子颇有微词；他同时看到，姚崇的亲信赵诲接受胡人贿赂，经他亲自审问后，证据确凿，按律当斩，而姚崇却在千方百计营救。

几件事情叠加到一起，李隆基不准备忍了。

开元四年十二月，也就是姚崇刚刚住进皇家礼宾馆不久，姚崇看到了一份文件，这份文件宣布皇帝大赦天下，京城所有罪犯无罪释放。

姚崇原本很高兴，这份文件一颁布就意味着他的亲信赵诲可以无罪释放了。

然而姚崇仔细一看，大惊失色。在李隆基颁布的这份文件中，姚崇看到，李隆基特别标注了赵诲的名字，在赵诲名字的旁边写着李隆基的处理意见：杖一百，流放岭南！

京城的所有罪犯都无罪释放，唯独赵诲流放岭南。

姚崇知道，自己的宰相当到头了。

聪明人总是点到为止，姚崇从李隆基的这个批示中看到了自己的末路，所有的罪犯都释放，唯独你姚崇的亲信不放，这说明你的所作所为皇帝都知道了，现在他已经不给你面子了。

姚崇赶紧找出纸笔，开始写辞职报告，请求李隆基允许自己辞去宰相职务，同时推荐广州刺史宋璟接替自己。

姚崇的请辞报告连续送上几次，李隆基迟迟没有作出反应。

姚崇不知李隆基的真实态度，辗转反侧，不久，他释然了，因为他从李隆基的一个任命中判断出，李隆基已经同意了。李隆基任命宋璟为刑部尚书、西京留守长官，这说明，此时的宋璟已经取代姚崇成为李隆基最信任的人。

姚崇的宰相生涯就此结束。

开元四年闰十二月二十七日，姚崇被免去所有官职，改任开府仪同三司，这是一个地位崇高的闲职，基本相当于现在的国事顾问。与姚崇一同被免职的是与他搭档一个来月的源乾曜，他也被免去了宰相职务，改任首都特别市市长（京兆尹），同时兼西京留守长官。

那原来的西京留守长官宋璟呢？

他暂任吏部尚书兼侍中，这就意味着，宋璟成为接替姚崇的新任宰相。与宋璟搭班子的是中书侍郎苏颋，此人后来与张说并称为"燕许大手笔"。张说被封燕国公，苏颋被封许国公，两人都是当时的文学大家，因此便有了"燕许大手笔"的称谓。

新人已经各就各位，老人姚崇只能选择安静地离开了。

发挥余热

姚崇本已做好彻底退休的准备，没想到一个月后，一起突发事件又让姚崇的境遇有了转机。

开元五年（公元 717 年）正月二日，出大事了！

房塌了。

如果是一般的房塌了也就塌了，问题是塌的不是一般的房，塌的是皇家祭

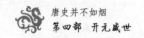

庙的四个祭室。

历朝历代，皇家祭庙都是神圣的地方，现在四个祭室突然坍塌，莫非又是上天示警？

李隆基不敢怠慢，换上素色的衣服，避开正殿，改到偏殿去主持朝会。

这房塌得实在不是时候，因为这时李隆基正计划前往东都洛阳，现在祭庙的祭室突然坍塌，李隆基的心里犯起了嘀咕。

还去不去洛阳呢？

去，心里有祭室坍塌的阴影；不去，洛阳方面已经准备好了，皇帝这时又说不去，这不是失信吗？

还是找宰相来问问吧。

宋璟的意见很明确，不去！

为什么？

宋璟说："陛下守丧三年还没有期满，不应该巡幸。况且现在祭室坍塌，已经是上天显示灾变的征兆，陛下应该增加自己的恩德，回应上天，同时停止巡幸东都。"

守丧三年？怎么回事？

这事得交代一下。

开元四年六月十九日，太上皇李旦在长安皇宫的百福殿去世，享年五十四岁，四个月后他被安葬于桥陵，庙号睿宗。对于李旦的一生，要准确概括比较难，对于他一生的作为，有人说他"以柔克刚"，有人说他"一生窝囊"，不一而足。

在我看来，或许可以用这样一个比喻：牙齿和舌头同时存在于口腔之内，牙齿硬，舌头软，看起来牙齿占据上风，但到最后，牙齿都没了，剩下的是舌头。

别人强调的是"胜者为王"，或许李旦强调的是"剩者为王"。

他的一生或许什么都不是，但至少给自己的儿子当了一块关键的铺路石。

现在，宋璟便拿出为李旦守丧三年说事，李隆基顿时没了言语。

李隆基并没有就此放弃，他又召来了开府仪同三司姚崇，他把自己的疑惑抛给了姚崇。

"救时宰相"姚崇的应变能力随即展现：

祭庙大殿本来是苻坚建造的，隋朝建立时隋文帝就利用原来大殿的材料建造了新的大殿，我朝延续使用。年深日久，木材自然腐烂变质，大殿因此坍塌，只是凑巧与陛下计划出行的日期吻合而已。既然洛阳方面已经做好准备，陛下就应照常出行，至于崩塌的祭室，可以把牌位先移出来，等祭室修复好了，再把牌位放进去就行了。

姚崇说完，李隆基深表认同，说道："卿言正合朕意！"

在别人看来复杂无比的事情，姚崇几句话就解决了，这归功于他是一个唯物主义者，同时也归功于他的随机应变，因为他看出了李隆基急于出行的迫切心情。

为了酬谢姚崇，李隆基特赏赐绸缎二百匹，同时准许姚崇每五天进宫觐见一次，觐见时与在职官员同列（这意味着姚崇不算离退休人员）。

姚崇的进言收到意外收获，不过也有人对姚崇的进言表示质疑：

祭庙用的材料是苻坚时代的？距今三百多年？可能吗？

隋文帝富有四海，还会用苻坚时代的旧物？

姚崇不会是为了拍皇上马屁编故事吧？

质疑上奏到李隆基那里，李隆基按下不表，不管别人信不信，反正他信了，洛阳照常巡幸。

在这一点上，姚崇和李隆基各取所需。

一个月前，因为赵海，姚崇从宰相高位上摔下。

一个月后，因为房塌，姚崇又得以恢复了部分恩宠。

人生就是这样，无处不充满意外。

一世冤家

开元九年九月初，姚崇即将抵达人生的终点。

告别人世之前，姚崇先把自己的财产均分，每个儿孙都有份，他要以这种方式避免日后儿孙们的无谓争斗。与此同时，他告诫儿孙一定要薄葬自己，只穿平时的衣服入殓即可，切记不能厚葬，免得引起盗墓贼盗墓，反落得戮尸暴骸。

作为一个唯物主义者，姚崇最后还阐述了自己对佛教的看法。在他看来，佛教追求清净和慈悲，而不是世人所流于形式的烧香祈福，他告诫子孙，不要学凡夫俗子去烧香祈福，更不要把和尚道士请到家里给自己做法事，切记，切记！

交代完这一切，姚崇用最后的精力给自己的老冤家做了一个扣。

这个老冤家便是跟他斗了一辈子的张说。

对于这个老冤家，姚崇在生命的最后时刻还在惦记着。

姚崇对儿子们说："张说与我素来不和，矛盾很深，我怕我死之后，他对你们不利。他那个人素来讲究排场，奢侈无比，尤其喜欢古玩珠宝。我死以后，他作为曾经的同僚一定会来吊唁，到时你们就把我平生攒下的古玩珠宝都罗列在帐前。如果张说连看都不看，你们就赶紧准备后事吧，全家可能都无藏身之地；如果他看了那些古玩珠宝，咱们家就没事了，你们就把珠宝送给他，同时请他给我写神道碑。你们提前把碑石准备好，一旦拿到他写的碑文，马上动工镌刻。张说的反应比我慢，我预计几天后他一定会反悔，会以修改为由要回碑文，到那时你们就领他看刻好的神道碑，同时告诉他已经将碑文上奏给皇上了。"

交代完后，姚崇与世长辞，享年七十一岁，谥号：文献。

姚崇死后，张说果然上门吊唁，而且多次用眼角去扫姚崇的古玩珠宝。姚崇的儿子们见状，便送上古玩恳请张说撰写神道碑文，张说没有多想便同意了。

几天后，写好的神道碑文送来了，在碑文中张说详细记录了姚崇的一生，并且给予高度评价：八柱承天，高明之位列；四时成岁，亭毒之功存。

姚崇的儿子们不禁窃笑，马上动工开刻神道碑。

几天后，张说的人来了，奉张说之命取回神道碑文，理由是没写周密，需要修改。姚崇的儿子们不动声色，引着来人参观了已经刻成的神道碑，并且告诉来人，碑文已经上奏给皇帝。来人回去复命，张说这才意识到，自己又中了姚崇的套，不禁叹息说："死姚崇犹能算生张说，吾今日方知才之不及也远矣。"

两个宰相斗了一辈子，现在终于可以不斗了。

姚崇死后，他的儿子们没能光大他的门庭，与贞观年间的房玄龄、杜如晦一样，姚崇便是家族最大的荣光，他的去世便带走了家族上空的最后一片云彩。

姚崇的长子姚彝，开元初年做到光禄少卿；次子姚异，官至坊州刺史；少子姚奕，开元末年做到吏部侍郎、尚书右丞。

原本姚奕有望光大姚崇的门庭，不料却因为侄子急于求成，把事情办砸了。

天宝元年，宰相牛仙客病危，这时姚彝的儿子姚闳正担任侍御史，同时担任牛仙客的判官。姚闳眼看牛仙客进的气没有出的气多，便起了趁火打劫的念头，他想逼牛仙客在弥留之际推荐两个人接替牛仙客担任宰相。

开元时的宰相常有临终上表推荐下一任宰相的传统，当年卢怀慎便在给皇帝的最后一封奏疏中推荐过宋璟，现在姚闳想利用这个难得的推荐机会达到自己的目的，他想推荐的是姚奕（他的叔叔）以及卢奂（卢怀慎的儿子）。

姚闳的算盘打得挺精，但他低估了牛仙客妻子的告状能力。就在姚闳自以为阴谋得逞时，牛仙客的妻子通过宦官将状告到了李隆基那里，李隆基闻后大怒，姚崇的子孙们麻烦大了。

经过审讯，李隆基最后判决：姚闳处死；姚奕贬出长安，出任永阳太守；卢奂贬出长安，出任临淄太守。

聪明又被聪明误！

不知姚崇地下有知，又会作如何感想？

或许一切都逃不过一个定数：君子之泽，三世而斩！

第五章　宋璟为相

有脚阳春

姚崇罢相之后，便进入宋璟的宰相时代。

二十岁便中进士的宋璟在武则天时代便显露了自己的良臣本色，他的第一次重大亮相出现在一次做证之前。

当时，张易之、张昌宗兄弟受尽恩宠，御史大夫魏元忠看不惯二张的胡作非为便经常对二张进行弹劾，没想到不但没有扳倒二张，反倒遭到二张的诬告，二张反诬魏元忠有谋反之意。为了坐实魏元忠谋反，张易之和张昌宗找到了中书舍人张说，授意张说做伪证，"证明"魏元忠谋反。

张说模棱两可地答应了，他知道胳膊拧不过大腿，但他良心上过不去。

临近对证，同为中书舍人的宋璟走了过来。宋璟对张说说道："名义最重，神道难欺，千万不要投靠奸邪之人而陷害忠良，以为自己就可以幸免。就算这次你冒犯天颜流放出京，也是很光荣的事情。如果你有什么不测，我一定进去救你，大不了与你同死。努力吧，想要万代瞻仰，就在此一举！"

宋璟的一席话让张说最终选择了自己的良心，结果二张不仅没能陷害成魏元忠，反而暴露了自己的张狂。

不过张说也为此付出了代价，由中书舍人被贬到钦州。

在此事后不久，宋璟由中书舍人升任左御史台中丞，而他与张易之、张昌宗的斗争还在继续。几番斗争下来，张易之、张昌宗兄弟算是怕了宋璟，如果不是有武则天的袒护，二张兄弟的脑袋不用等到张柬之等人起兵就掉了好几回了。

时间来到开元三年，宋璟官至御史大夫，以他跟李隆基的君臣交情，在李隆基的手下，他应该顺风顺水。

然而，平地却起了波澜。

这一年，宋璟居然被贬了！

被贬的理由很离奇：身为御史大夫，在金銮大殿监督棍刑时失职，当棍子打得轻时，没有喝令加重。

这也算理由啊？

因为这次失职，宋璟由御史大夫贬为睦州刺史，不久又转任广州都督。

对于宋璟的这次被贬，很多人都看不懂，估计当时的宋璟也没有读懂，仅仅因为这一点失误就被贬，是不是李隆基有点吹毛求疵了。

其实，李隆基不是吹毛求疵，而是欲扬先抑。以李隆基的识人，他不可能不知道宋璟的能力，这次因为小事将宋璟贬出长安，其实是李隆基准备重用宋璟的前兆。

因为这时已经是开元三年，宰相姚崇已经干了两个多年头，虽然姚崇的政绩很出色，但是姚崇儿子的所作所为已经源源不断地传到了李隆基的耳朵里，而且在开元二年，大臣魏知古还有过一次告状。

所有的一切集中到一起，李隆基意识到，该给姚崇找个接班人了，这个人就是宋璟。

按照一般人的思路，如果要重用宋璟，也没有必要将宋璟贬出长安，完全可以就地提拔。

这就得说是皇帝的手腕了，古往今来的皇帝一直乐于做一件事：打一巴掌，给一甜枣。

回想唐太宗李世民病危时，是不是有类似的举动？他把李世勣贬出长安，为的就是自己先做一个恶人，然后等李治登基之后，再把李世勣召回，这样李世勣就会对新君感恩戴德，誓死效忠。

在李世勣的问题上，李世民和李治父子俩，一个唱白脸，一个唱红脸。

现在到了李隆基时代，他没有机会跟父亲演双簧，只能红脸和白脸自己一个人唱了，先把宋璟贬出长安吃点苦，然后找合适的机会再把宋璟召回长安享福，一贬一召，便是皇帝屡试不爽的绝密法宝。

李隆基没有看走眼，宋璟这样的官员，走到哪里都是好官。

到了广州，宋璟很快便做了一件大事——烧瓦。

当时的广州还保留着旧时的风俗，以竹子搭屋，以茅草做顶，长久以来当地人习以为常，但就是有一个苦恼：经常失火，因为茅草易于燃烧。

宋璟到任之后，很快意识到茅草做屋顶的危害，于是便教当地人烧瓦。如此一来，茅草屋顶都换成了瓦屋顶，失火从此基本绝迹，广州百姓摆脱火灾多发便从宋璟开始。

除了教人烧瓦，宋璟在广州为官深得民心，由于他先后在全国多个地方为官，每个地方都留下了不错的官声，因此宋璟得到一个雅号：有脚阳春。

什么意思？

意思是，宋璟到哪里，便把温暖的春天带到哪里。

古往今来，如果哪个官员能得到这个评语，一生足矣！

就在广州人民盼望宋璟长期留任广州时，李隆基的调令来了，将宋璟委任为刑部尚书、西京留守长官。

接到调令，宋璟作别广州，乘坐政府的驿马车前往长安。前来迎接宋璟的是当红宦官杨思勖，此时他是比高力士还红的宦官，不仅办事得力，而且还能率军出征，深得李隆基的宠爱。就是这么一个皇帝身边的红人，宋璟除了正常的礼节之外，一言不发，一路上便这样跟杨思勖来到长安。杨思勖见惯了对他点头哈腰、卑躬屈膝的官员，像宋璟这样简直把他当空气的官员他还是第一次见到，由此在心中对宋璟肃然起敬。

回到长安，杨思勖把这一幕告诉了李隆基，李隆基点了点头，看来这个人没有选错，是个合适人选！

李隆基的判断没有错，不久，宋璟便作出了证明。

开元五年正月十日，李隆基从西京长安出发前往东都洛阳，本来心情大好的李隆基在过崤谷时，脸上开始阴云密布。

李隆基看到这里道路狭窄，而且年久失修，巡幸的队伍走到这里通行艰难，而且弄得狼狈不堪。相关官员是干什么吃的！

李隆基动了肝火，盛怒之下他准备将河南尹（洛阳特别市市长）、知顿使

（护驾总监）全部免职，随行官员都把心提到了嗓子眼。

李隆基心情稍显平复时，宋璟来了，他是来劝李隆基的。

宋璟说："陛下刚刚开始巡幸，就罢了两位官员的官，恐怕全国各地其他地方会闻风而动大修道路，这样老百姓恐怕会不堪其苦！"

这时的李隆基刚刚登基四年，心中还装着"克制"二字，一听到此举可能导致全国各地大规模修路，他顿时紧张了起来。那可不行，会影响民生的。

李隆基压下了自己的火气："那就算了吧，你去通知那两位官员吧！"

宋璟又说话了："陛下怪罪他们，因为臣的建议赦免他们，这就使得我代陛下受他们感恩。还是让他们在朝堂上待罪，陛下当场赦免吧！"

此言一出，李隆基的心里无比舒服，宋璟太会办事了，这样的人办事，朕放心！

好下属都是这样，把责任留给自己，把功劳留给上级！

感谢你八辈祖宗

拜相的宋璟兢兢业业地尽着自己的职守，他严守法度，大公无私，任人唯贤，选拔官员先看能力，不看背景，即使李隆基中意的人选，如果能力不够，那么对不起，靠边站！

有能者用，有功者赏，宋璟说到做到。

然而，有一位立功者，却迟迟没有得到宋璟的奖赏，他在长安已经等了一年多了，等得心都快碎了。

立功的人叫郝灵荃，等待领赏时，身份是大武军（今山西省代县北）子将。

郝灵荃立的不是一般的功，他的手中有一件大大的投名状，投名状是一颗人头，东突厥可汗阿史那默啜的人头。

阿史那默啜可不是一般人，早在武则天建立周朝初期，他就不断骚扰，发展到后来，更是大规模入侵，武则天恨不得举全国兵力都没有把他制服，因此武则天"想死"阿史那默啜了。作为武则天的孙子，大唐王朝的皇帝，李隆基同样也"想死"阿史那默啜了，这东突厥可汗三番五次在边境为患，应该

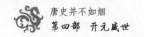

狠狠地打击一下。

令李隆基没想到的是，他朝思暮想的阿史那默啜居然不请自来，当然身体的大部分没来，只是头来了。

这是怎么回事呢？

起因是阿史那默啜的一场盛大征战。

开元四年六月二十九日，阿史那默啜率领东突厥大军向拔野古部落发起攻击，不出意料地大获全胜，阿史那默啜心情好到了极点。

得胜班师的阿史那默啜心情大好，便放松了戒备，大军走到一片柳林时，他依然没有提高警惕，他刚刚打败拔野古部落大军，此时还有谁敢跟他作对呢？阿史那默啜恨不得向天地大喊一声：还有谁？（此情此景可以参照电影《功夫》里冯小刚那句歇斯底里的高喊。）

就在这时，一位勇士冲了出来，电光石火一瞬间，手起刀落，不可一世的阿史那默啜顿时一刀两断！

他没有死于与拔野古部落的大战，却死于一位勇士的偷袭。

偷袭阿史那默啜的勇士出自拔野古部落，名叫颉质略，他手起刀落为自己的部落复了仇，然后抓起阿史那默啜的人头绝尘而去。机缘巧合，颉质略碰到了正好到东突厥汗国办事的大武军子将郝灵荃，两人一番商议，便决定拿着阿史那默啜的人头到长安请功。

一路上，郝灵荃不断问自己，这是真的吗？这是真的吗？

斩获大国敌酋首级，这可是奇功一件，放眼开国数十年，又有几人做到？

带着对未来的美好憧憬，郝灵荃和颉质略来到了长安。

事情正朝着郝灵荃设想的那样发展，李隆基下令将阿史那默啜的人头悬挂在大街上，显示大唐的军威，同时命令宰相研究对郝灵荃的奖赏。

这个时候，当朝的宰相是姚崇，他会如何反应呢？

他不说赏，也不说不赏，奖赏的事情便这样搁置了下来。

姚崇罢相之后，宋璟继任，郝灵荃以为自己的好日子来了。

好日子依然没来。

郝灵荃在等待中又熬了一年。

直到一年后，郝灵荃才等到了自己的奖赏：擢升为正五品郎将！

这就是郝灵荃等了一年多等来的结果。

郝灵荃不仅失望，而且绝望，就这么一个正五品郎将让自己足足等了一年多，耗费了心力不说，也耗尽了体力。

在绝望和失落中，郝灵荃痛哭而死，弥留之际，他一定在反复念叨着：宋璟，我感谢你八辈祖宗，做鬼也不放过你！

此情此景，郝灵荃值得可怜。

然而姚崇和宋璟却有自己的算盘，他们不是吝惜一个官职，而是不想开一个坏的先河。

在姚崇上任之前，他就向李隆基提出"十戒"，其中一戒就是"不求边功"，也就是要求皇帝不要热衷于对外战争，而是要集中精力发展国内生产。

与姚崇一样，宋璟同样不主张开边，他不直接向李隆基提出，却用自己独特的方式，那就是"不赏边臣"。

尽管郝灵荃认为得到东突厥可汗人头是奇功一件，但宋璟偏偏不予重赏，不是吝啬，而是不想激发蠢蠢欲动的战争野心。

事实证明，李隆基之所以能成就开元盛世，与他的这一时期的"克制"有关，与姚崇的"不求边功"有关，与宋璟的"不赏边臣"更有莫大的关系！

良臣本色

宰相当了几个月，宋璟也开始整人了。

谁会是宋璟的目标呢？太常卿（祭祀部长）姜皎。

太常卿姜皎不是寻常人等，他的祖父姜行本在贞观年间当过将作大匠（建设部部长），跟随太宗李世民东征高句丽时不幸中流箭身亡，令李世民哀痛不已，亲自写诗进行悼念，同时恩准姜行木陪葬昭陵（李世民的陵寝）。

姜皎便是出身于这样的官宦人家，长大后当上了尚衣奉御（主管皇帝服装），在此期间与李隆基成为好友，此时李隆基还是普通王爷。两人的友情一直延续，李隆基起兵诛杀窦怀贞时，姜皎便是主力人选之一，因为这个缘故，姜皎更得李隆基的宠爱。

有早年的友情打底，再加上跟随起兵有功，姜皎成为李隆基面前的红人，其他官员根本无法跟他相提并论。李隆基的后宫，姜皎经常出入，宫廷宴会时他的座位与皇后嫔妃并排相挨，这不是一般官员可以享受的待遇，这是超级宠臣以及家人的待遇。

除此之外，李隆基对姜皎的赏赐不可计数，恩宠无边。

两人曾经在大殿上一起赏玩一棵嘉树，姜皎不由自主地说道："真漂亮!"李隆基见状一摆手："喜欢就搬到你家去吧!"

恩宠便是如此不可抵挡。

与此同时，姜皎的哥哥姜晦也跟着沾光，升迁为吏部侍郎，兄弟二人成为朝中最让人羡慕的两个人。

宋璟，就是要对这哥俩出手。

不久，宋璟给李隆基上了一道奏疏：姜皎兄弟权力太大，恩宠太盛，恐怕无法保证他们两个的安全。表面来看，宋璟是为姜皎兄弟着想，实际上是为李隆基着想，政变起家的李隆基焉能不知恩宠太盛的结果，他已经见多了权臣的做派，武则天、李显朝中都不曾少见。

宋璟点到这个地步，正好点醒了李隆基，朋友归朋友，社稷归社稷，不能因为友情而误了社稷，更重要的是，不能给自己的江山埋下不安定的雷。

李隆基就此下了决心，他要把对姜皎的恩宠收回，然后把他从热得发烫的位置上赶下去，然后放到冷板凳上。

开元五年七月三日，李隆基将姜皎的弟弟姜晦免去吏部侍郎职务，改任宗正卿，乍看起来是提拔，仔细一看，明升暗降。吏部侍郎为正三品、正司局级，宗正卿为从三品、副部级，但吏部侍郎是管官员选拔的，而宗正卿是管皇族事务的，两者权力含金量不可同日而语。

至于姜皎，更加彻底，直接免去太常卿职务，发送回故乡安置，不过李隆基承诺，所有行政级别以及待遇保持不变。对此李隆基还特别作了解释，这是学东汉光武帝刘秀——刘秀便是把南阳老友安置回故乡，然后一生享不尽的荣华富贵。

此时的李隆基还不知道后世有个赵匡胤，如果知道，只需要给姜皎写五个字：杯酒释兵权!

这就是宋璟整人，完全不同于姚崇整人。

姚崇整刘幽求、张说、钟绍京，其实是公私兼顾，在公，李隆基需要让刘幽求这些人靠边站，在私，姚崇需要搬开这些老资格的绊脚石，自己才能大展拳脚。

宋璟不同，姜皎、姜晦并不是他的绊脚石，但他依然动手整了姜皎兄弟，他不是为了整人而整人，而是为了江山社稷，一心为公。

几个月后，宋璟得到了一件意外礼物，广州官民为他竖立了一块"遗爱碑"。

"遗爱碑"便是用立碑的方式彰显已经离任官员的功绩，古往今来很多官员为这块碑想得夜不能寐，似乎一生中如果能够得到这样一块碑，此生足矣。可以理解，为官一任，造福一方，如果老百姓自发地为离任官员竖"遗爱碑"，这就说明，这位官员是得人心的。

现在，"遗爱碑"出现在广州，这是对宋璟的肯定。

出人意料的是，宋璟拒绝了，而且还给李隆基上了一道奏疏：

我在广州并没有特别的功德，现在竖这块碑都是因为我的职位和正受陛下恩宠，这是他们对我的阿谀奉承。如果想破除这个风气，就从我身上开始！

就这样，"遗爱碑"刚刚竖立，又被宋璟下令推倒了。

相比于宋璟的拒绝，明朝那位死太监就要相形见绌了。

死太监魏忠贤权倾朝野时，全国各地官员纷纷为他建立生祠，连袁崇焕也不能免俗，也给他建立了一个生祠。最后的结果大家都看到了，死太监还是受不起那么大恩宠，自己落得"自挂东南枝"，全国各地的生祠也纷纷摧毁，只可惜了那么多的建筑材料。

正应了那句话，金杯，银杯，不如老百姓的口碑。宋璟或许早就意识到这一点，他知道，如果真的造福百姓了，那也不一定需要一块"遗爱碑"，因为那座碑早就在老百姓的心里竖起来了！

坟头的高度

网络上曾经有一句话流传很广：

无论你征服过多少座山峰，你的心灵永远高不过一个坟头！

这句话经典在于用"山峰"和"坟头"进行对比，一个是巍峨的山峰，一个是略高于地平线的土包，两者的差距跃然纸上。

不过并非所有的坟头都矮矮的，只略高于地平线，李隆基开元年间，就曾经有一位从一品高官的坟头拔地而起，李隆基同意了。

这位从一品高官叫王仁皎，身份是李隆基的岳父。

开元七年四月二十四日，开府仪同三司（从一品）王仁皎撒手人寰，在他去世后，他的儿子王守一上疏李隆基，要求王仁皎的坟高为五丈二尺（大约十七米），李隆基批准。

对于王仁皎，李隆基怀有感激之情，在他发达之前，王仁皎给过他帮助，还曾经卖掉自己的紫色半袖上衣，让他吃上生日寿面。现在自己富有四海，应该给他回报，活着尽享富贵，死后也享荣华。

况且大舅哥王守一也是自己起兵时的功臣，从这个方面论，也应该给他们这个恩宠。

当此时，坟高多少，不仅仅是高度问题，还有关恩宠。

王守一提出的五丈二尺，是有参照物的，比照的是李隆基的外祖父窦孝谌，窦孝谌的坟高就是五丈二尺。既然窦孝谌是李旦的岳父，而王仁皎是李隆基的岳父，那么两代岳父的坟高比肩便可以理解了。

李隆基理解了，宋璟却不同意。

宋璟和苏颋一起给李隆基上书：

一品官员的坟高按照规定是一丈九尺，陪葬皇陵的高官坟高也不过三丈而已。当年窦太尉（窦孝谌）的坟高达到五丈二尺，很多人都认为过高，只是没有人说出来而已，而今天何苦要重蹈覆辙，追求这个高度呢。

昔日太宗嫁女时，嫁妆超过长公主（高祖李渊的女儿），魏征便进谏反对，太宗就采纳了魏征的意见，而长孙皇后事后也感谢魏征及时纠正。哪能像韦庶人（李显的皇后韦氏）那样妄自加高父亲的坟墓，还号称酆陵，最后只加速了家族之祸。

以皇后父亲的尊贵，打算加高坟墓并非难事，我们再三进言，就是为了成就皇后的谦让美德。况且今天这样决定，将传至无穷的后代，永远成为法则，难道不应该慎重吗？

宋璟的用意很明显，他给李隆基指出了两条路，一条路是学太宗李世民嫁女，一条路是学韦庶人葬父，哪条路自己选。

这两条路瞎子都会选。

但凡智商正常的皇帝，都得选第一条路。

果不其然，李隆基也选择了第一条路。

李隆基不仅认可了宋璟的说法，还对宋璟敢言别人不能言之事大加赞赏，高兴之余，赏赐宋璟、苏颋四百匹绸缎，算是他们直言进谏的奖赏。

从这次进谏，也能看出姚崇和宋璟的迥然不同，姚崇善应变以成天下之务，宋璟善守文以持天下之正，两人的处世态度截然不同。

姚崇圆滑，宋璟刚烈，李隆基却能取两人之长，避两人之短，不愧为用人高手。

赐箸表直

王仁皎坟头的高度最终没能达到五丈二尺，这可以理解为宋璟跟死人过不去，其实宋璟不仅跟死人过不去，他跟活人也过不去！

因为他守着原则。

开元七年十一月，李隆基下了一道手谕，主题是擢升岐山县令王仁琛为五品官员。

王仁琛是李隆基当亲王时的老部下，君臣二人有一定的感情，因此有了这道手谕。

没想到，就是这样一道手谕，又遭到了宋璟的拒绝：

王仁琛已经得到过升迁，这次再升，明显有别于他人，政府就很难杜绝社会舆论。我建议将手谕交给吏部，审查王仁琛的材料，如果没有特别功绩就不能升迁，只能看在资历的份上，稍微给一点优待。

弄了半天，皇帝的老部下，也就是给一点点面子。

得到这个结果，王仁琛肯定不满意，不过他如果知道宋璟三堂叔宋元超的遭遇后，他就会释然了。

宋元超是一名候补官员，有一次想延长自己的假期，怕不被批准，便强调了一句：我是宋璟的三堂叔。消息传到宋璟耳中，宋璟马上给吏部写了一封信：

宋元超确实是我的三堂叔，不过常年住在洛阳，很少见面。我不能因为他是我的尊长就隐瞒不言，也不能由此因私废公。他如果不提我的话，按照规定办就可以了，既然他提到我了，事情就必须纠正，还是免除他的候补资格吧！

假没请下来，连候补资格都丢了！不是一般地不给面子。

宋璟不给面子的范围很广，从皇帝的老部下到自己的三堂叔，甚至连皇帝李隆基都礼让三分的宁王李成器的面子也不给。要知道，宁王李成器是正宗的嫡长子，究其一生都受到李隆基的尊重，而就是这么一个德高望重的亲王，宋璟照样没面子给。

宁王李成器想帮一个人要个小官，李隆基同意了，便把宁王的奏疏转到中书省和门下省，让宋璟他们讨论一下，给安排一个官职。

宋璟一看这个人的履历，便给出了自己的态度：

这个人以前在祭庙当过祭郎（打扫祭庙的工作人员），没有卓越表现。我们建议把他交给吏部讨论，陛下您就不用再下诏了。

至于交给吏部的讨论结果，不用问，不是没戏，而是很没戏。

写到这里，或许很多人会说，宋璟在历史上名气很大，以为他会做很多大事，没想到他做的都是琐碎的小事，根本没什么大事。

的确，宋璟确实没有做过什么大事，他既没有智斗张说的传奇，也没有提倡灭蝗的壮举，也没有清退假和尚的举动，但他在任期内一直做着一件大事，那就是守住原则，把好关！

试想，如果每个人都能做到这一点，这个社会将是多么和谐。

从开元四年末拜相，到开元七年末，宋璟一直用自己的原则为李隆基把着关，在这几年中，宋璟无形中得罪过很多人，李隆基对他却是认可的。

有情趣的李隆基还用自己独特的方式表彰了宋璟。

每年的春天，李隆基都要举行御宴，宴请群臣，宋璟自然是座上宾。这一年御宴开始前，李隆基做出了一个出人意料的举动：将自己所用的金箸（金筷子）赐给了宋璟。

宋璟一愣，皇上赐金箸什么意思呢？

宋璟愣在原地，还没有想好该如何拜谢。

这时李隆基说话了："所赐之物，非赐汝金。盖赐卿之箸，表卿之直也！"

用金箸彰显你宋璟的正直！

李隆基不是一般的有才！

意料之外

谁会想到，正直的宋璟会栽在钱上！

不过不用紧张，宋璟栽倒不是因为腐败，而是因为在钱的问题上用力过猛。

让宋璟栽倒的是"恶钱"。

"恶钱"也就是民间盗铸的钱，跟现在的假币还不是一回事。

众所周知，在中国古代，钱币的实际价值和使用价值基本是吻合的，也就是说钱币就是一个实打实的兑换工具，不像现在的纸币，其本身就是一张纸，实际价值低，使用价值高。

在古代，一些时候私人铸造钱币是被允许的，只要不是偷工减料，就与官币一样，同样具备流通功能。唐朝一度也允许民间铸造钱币，然而没想到，一放开，问题随之而来。

民间铸造钱币，永远避免不了其"逐利"的本性，开始时还能按照规定铸造合格的钱币，发展到后来，偷工减料越来越多，很多钱币已经不堪使用，因此被称为"恶钱"。

等到官府意识到问题严重时，"恶钱"已经在市场上广泛流通起来，而新的"恶钱"还在源源不断地流入市场。如此一来，便干扰了正常的经济秩序，李隆基决定下手整顿。

李隆基下诏规定：所有钱币必须达到规定的重量才能上市流通，低于标准分量的不得上市流通，由官府出面，收回恶钱重新回炉铸造。

长安的市场秩序一下子乱了，因为钱没了！准确地说，不是钱没了，而是可供流通的钱少了，不能满足老百姓的基本需要了，因为老百姓手里几乎没有可流通的钱了，想要买东西只能物物交换，几乎回到原始社会。

李隆基一下子没了主意。

这时，宋璟和苏颋提出建议，马上动用库藏部的两万串钱，设立南北两个交易站，用来购买老百姓难卖出去但皇宫却可以使用的东西，同时允许长安、洛阳的官员预支俸禄，这样就可以让这两万串钱尽快流入市场。

经过一段时间的消化，两万串钱全部进入市场，市场秩序基本恢复，长安和洛阳的恶钱也基本消失。

有了成功经验，宋璟又把目光集中到江淮地区，那里的商业发达，正在流通的恶钱也多，更需要大力根治，宋璟派出了自己认为最得力的监察御史萧隐之。宋璟满心以为，这一次会跟长安、洛阳的情况一样，然而，江淮的恶钱治理却引起了轩然大波。

被宋璟看好的萧隐之进入江淮之后，雷厉风行，回收了大量恶钱，成果非常显著，然而问题随之而来，流通领域的钱没了，百姓无法做生意了！而这时，最要命的是，没有足够的备用钱币，恶钱收光了，正规的钱币满足不了市场需要，江淮的商业陷入瘫痪，百姓生活无法正常进行。

这一次宋璟失算了，他低估了江淮的商业，没有想到江淮地区有那么多恶钱，而他偏偏没有准备足够多的备用钱币，来复制长安和洛阳的模式。

商业停滞，百姓生活受损，宋璟遇到前所未有的难题。

雪上加霜的是，两个戏剧演员的插科打诨让宋璟彻底栽倒。

戏剧演员的插科打诨来自宋璟的一个特殊规定：

对于那些明明有罪却不认罪而且还不断上诉的人一律关押，如果认罪立刻释放，如果不认罪，就一直关押。

显然，宋璟的这个规定有些简单化了，他忽视了犯罪嫌疑人本身应该享有的权利，而是采用态度强硬的一刀切！

用如今的法律术语说，宋璟是"有罪推定"派，而不是"无罪推定"派。

最终，就是这个特殊规定终结了宋璟的宰相生涯。

事有凑巧，就在宋璟颁布这个规定不久，全国大旱，而且传说旱魃出现了。

旱魃是传说中的神，据说在人间有冤狱的时候，旱魃就会出现。

不久两个戏剧演员将这些热点话题集中到一起，演绎成了一个讽刺现实的小品：

扮演旱魃的演员出现在台上，旁边的人便问：你怎么出来了？

"旱魃"说："是宰相的命令。"

旁边的人接着问："怎么回事？"

"旱魃"说："含冤难申的有三百多人，宰相把他们统统关了起来，我这个旱魃就不得不出来了喽！"

底下的看客哄堂大笑，任何时候，讽刺现实的小品都是有市场的。

倘若这个小品只是在民间上演，也就是笑笑而已，然而这个小品是在皇宫演的，台下看戏的还有一个特殊的观众——李隆基。

在哄堂大笑声中，李隆基失去了对宋璟的信任，宋璟的宰相生涯便在小品的笑声中终结。

开元八年正月二十八日，宋璟罢相，改任闲职开府仪同三司，苏颋与他一块儿下台，改任礼部尚书。接替宋璟、苏颋的是一位老熟人和一位新人，老熟人是曾经与姚崇搭班子一个月的源乾曜，新人是并州长史张嘉贞。

至此，姚崇、宋璟的宰相时代结束，结束于一场意料之外的小品。

虎父犬子

宋璟的宰相时代因为小品意外结束，但他没有就此退出历史的舞台，开元八年之后，宋璟依旧留在朝廷之中，李隆基对他依然比较看重，虽然他已经不再是宰相。

开元十二年，李隆基准备东巡泰山，委任宋璟为西京（长安）留守，这个委任表明，李隆基依然看重宋璟，在关键的时刻、关键的岗位上，他愿意信任这个人。

临近出发，李隆基对宋璟说："你是国家元老，还有什么建议跟我说呢？"

宋璟思索了一番，写成奏疏呈递了上去。李隆基看完奏疏后，给了宋璟一道手谕：你所提的建议值得写在我的座位右面，时不时看一眼，终身受用！

皇帝愿意把宋璟的意见当成座右铭，面子够大的。

不过相比于李隆基给宋璟面子，宋璟却很少给别人面子，当宰相时如此，卸任之后同样如此，即便李隆基说情，宋璟也只是给半杯酒的面子。

半杯酒的面子？从何说起呢？

从李隆基的家奴王毛仲嫁女说起。

家奴王毛仲随着李隆基登基在朝中的位置节节攀升，开元十三年更是到了开府仪同三司的位置，品级从一品。值得一提的是，开府仪同三司只是王毛仲官职中的一个，他还有其他的官职，此时正承受着李隆基的恩宠，然而就是这么一个宠臣，嫁女请客时却犯了愁，只好找李隆基帮忙。

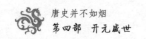

李隆基问:"事情准备得怎么样了?"

王毛仲说:"万事俱备,但客人不肯上门。"

李隆基不解:"谁不肯上门啊?张说(时任宰相)、源乾曜(时任宰相)难道请不来吗?"

王毛仲说:"他们当然可以请来。"

李隆基顿时明白了:"哦,你请不来的一定是宋璟,明天我帮你请!"

第二天,李隆基果然郑重其事地通知了张说和源乾曜,同时要求张说、源乾曜带着各位高官一起到王毛仲家里做客,宋璟自然也在被邀请之列。

宴席当天,王毛仲在家中望眼欲穿。直到中午,望穿秋水,不见宋璟身影。

许久之后,宋璟终于来了,王毛仲大喜过望:宋大人终于给面子了。

他没有想到,宋璟是给面子了,不过只是半杯酒的面子。

进门后,宋璟先举起酒杯冲着皇宫的位置,遥祝李隆基身体健康,祝福完毕,王毛仲殷勤地引着宋璟入席,心里欢喜不已。

王毛仲的好心情仅仅持续了半杯酒的工夫。

入席后的宋璟,勉强喝了半杯酒,然后便起身了,旁人上前问候,宋璟摆了摆手:"对不起,我肚子疼,先走了!"说完,便头也不回,扬长而去,只留给王毛仲一个渐行渐远的背影。

这就是宋璟,一个老而弥坚的宋璟。

开元二十年,宋璟的退休请求终于获得了李隆基的批准。这一年他六十九岁,李隆基在恩准他退休后,特别强调:以全禄(百分之百工资)退休。

五年后,宋璟逝世,享年七十四岁,谥号"文贞"。

按理说,如此一位堪称政治完人的宰相,他的子女应该青出于蓝而胜于蓝。遗憾的是,他的子女与房玄龄、杜如晦、姚崇的子女一样,没有一个能够光大家族的门庭。

宋璟身后留下六个儿子,一个比一个不堪。

长子宋升,官至太仆少卿(畜牧部副部长),在宋璟六个儿子中,他算声名最好的一个。

次子宋尚,官至汉东太守,天宝年间因受贿被贬为临海长史。

三子宋浑,这是一个十足的浑人,官至御史中丞、东京采访使,然而个人品行与父亲宋璟相差 N 个光年。

在地方官任上，他有过横征暴敛的记录，曾经在一年之内征收两年的租庸，一年的租庸上缴，剩下的一年归他截留。在任东京采访使时，宋浑将自己的浑发挥到极点。他看上了一个美艳的寡妇，但是因为他已经有妻妾，再娶寡妇于名声不好，于是便想了一个高招：让一位官员跟寡妇做挂名夫妻，而他私下占有。

亏他想得出来。

天宝年间，因为腐败，宋浑被流放到高要，后来一度翻身，最终还是流放岭南，再也没能回来。

四子宋恕，天宝年间因腐败流放海康。

五子宋华，因腐败被惩处。

六子宋衡，因腐败被惩处。

可惜宋璟，一个虎父，六个犬子。

或许冥冥中自有天意，没有人能逃过"君子之泽，三世而斩"的千古规律。

第六章 三人行

不折腾

开元八年初，宋璟和苏颋罢相之后，老熟人源乾曜和新人张嘉贞便登上了历史舞台，对于张嘉贞而言，这是他第一次拜相，对于源乾曜而言，这一次是"梅开二度"。

相比于姚崇和宋璟，源乾曜的仕途相当顺利，在开元初年他还只是梁州都督，谁承想，仅仅四个年头，他就跻身宰相行列。

这一切都是因为一位贵人——姜皎。

开元初年，邠王李守礼府中的官吏经常犯法，这让李隆基非常头痛，如果一一严惩，必然会让邠王李守礼面上无光，如果睁一只眼闭一只眼，就会破坏国家法度。思来想去，李隆基觉得只有一个办法，那就是给邠王府安排一个好长史（秘书长），做好管理工作，防患于未然。

随即李隆基命令大臣们推荐合适人选，这时太常卿姜皎便把源乾曜报了上来，这是源乾曜第一次进入李隆基的视野。

这次召见，源乾曜给李隆基留下了深刻印象，神清气爽，应答有序，李隆基很是欢喜，当场便拍板，任命源乾曜为少府少监（宫廷制造部副部长），同时兼任邠王李守礼府中长史。

从此，源乾曜走上了仕途的快速路，由少府少监升任尚书左丞，开元四年末他更进一步，升任中书侍郎、同中书门下三品，接替病逝的卢怀慎给姚崇搭班子。

或许是源乾曜的仕途太顺引起了老天的忌妒，结果源乾曜的第一次宰相生涯只持续了一个多月。一个多月后，姚崇倒台，源乾曜也跟着下台，就此结束了还没来得及适应的第一次宰相生涯。

忽上忽下的落差没有让源乾曜迷失方向，相反，卸任宰相之后，他出任京兆尹（长安特别市市长），在李隆基东巡洛阳期间，同时担任西京留守，肩上的担子相当重。

担任京兆尹三年，源乾曜的政令宽容简要，长安百姓安居乐业，上下相安。难能可贵的是，三年之中，源乾曜的政令始终不变，这一点看起来很容易做到，真正做起来却很难。

试看有些官员，今天一个主意，明天一个主意，仅仅在自己的任内，就会出现前后不一甚至相互矛盾的行为，相比于源乾曜，差的就是"不折腾"。对百姓"不折腾"，对下属有担当，源乾曜用行动证明，只要有心，就可以当一个体贴下属的好上司。

源乾曜担当京兆尹期间，曾经出过一件大事：李隆基豢养的白鹰丢了！

这可是一件大事，那只白鹰是李隆基最喜欢的，现在平白无故失踪了，李隆基非常着急。一声令下，源乾曜派出长安的众多捕快出去寻找，找来找去，终于把白鹰找到了，源乾曜顿时松了一口气。

然而下属却给他带来了两个消息，一个好消息，一个坏消息。

好消息是，白鹰找到了；坏消息是，找到的只是白鹰的尸体，这家伙在野外不小心挂在荆棘上，已经死了。

两个消息说完，下属全都哭丧着脸，他们知道白鹰是李隆基的心爱之物，却没能把活鹰带回来，只带回了白鹰的尸体。这时源乾曜说话了："皇上仁明，不会因为白鹰来治你们的罪，再说了，就算皇上怪罪下来要治罪，我源乾曜一个人顶着！"

说完，源乾曜便进宫，恳请李隆基治自己失职之罪。

果不出源乾曜所料，李隆基一抬手，白鹰事件也就算过去了，但源乾曜对下属的"敢担当"却给很多人留下了深刻印象，下属庆幸跟了一个好上司，李隆基则认为：这是一个可以托付重任的人。

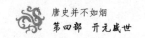

开元八年初，源乾曜的机会来了，宋璟倒台，源乾曜就此上台，出任侍中，开始了自己的第二次宰相生涯。

上任伊始，源乾曜便做出一个重大举动，上疏李隆基，恳请将自己的两个儿子派出长安出任地方官。

这又是为什么呢？

原来，源乾曜一上任就看到了一个现象：朝中的大臣子弟都集中在长安、洛阳为官，都不肯当地方官，这些官宦子弟占住了京官的位置，而那些真正有才能的人却只能屈居于地方官任上，很少有升任京官的机会。

这不正常，很不正常。

源乾曜决定改变，就从自己身上开始，他要把三个儿子中的两个派到地方，改变一下官宦子弟在京城扎堆的现象。

奏疏上奏到李隆基那里，李隆基被深深地感动了，源乾曜，朕果然没有看错你。

李隆基准奏后，源乾曜的两个儿子就由京官改任为地方官，此举给其他大臣极大促动。在此之后，官宦子弟在京城扎堆的现象开始减少，这一切都是因为源乾曜敢为天下之先。

源乾曜赢得了李隆基的信任，就此开始了与张嘉贞携手为相的时代。

张嘉贞传奇

说完源乾曜，再来说张嘉贞，这也是一个神人，他的仕途充满了传奇。

张嘉贞进入仕途是在垂拱元年（685年），那一年他应明经举（参加明经考试），明经举主要是考察考生对五经的掌握情况，张嘉贞不负众望，脱颖而出。

中举后的张嘉贞被委任为平乡县尉，这个职位就成了张嘉贞仕途的起点，然而张嘉贞出师不利，刚起步就遭遇挫折：在平乡县尉任上不久，他就因故被免去职务，怏怏地回到老家河东郡（今山西省永济市北）。如果没有奇迹发生，张嘉贞就得终生憋屈在河东郡，毕竟上任不久就被免职的县尉是没有人待见的。

一晃十几年过去了，张嘉贞依然在家里当着自己的白丁，不出天大的意外，他将白丁到老。

时间进入武则天长安年间，侍御史张循宪作为采访使巡查河东郡，在河东郡他遇到了难题，很难决断，张循宪陷入苦恼之中。冥思苦想数日之后，张循宪决定在当地找一个智囊，便问当地一名小吏："你们当地有没有贤才，给我推荐推荐！"

活该张嘉贞转运，小吏随即向张循宪推荐了张嘉贞，这次推荐为张嘉贞的一生赢得了关键的转机。

张循宪马上召见了张嘉贞，并把自己的难题说给张嘉贞听，令张循宪没有想到的是，那些困扰他很久的难题在张嘉贞那里全部迎刃而解，张循宪的眼睛顿时亮了。

处理完积压已久的难题，张循宪说："要不你帮我起草一份奏疏吧，我上奏给皇帝。"

不一会儿的工夫，张嘉贞完成了奏疏的草稿，张循宪接过一看，再次称奇，这份奏疏写得文采飞扬，有理有据，自己写了这么多年奏疏，自问还是达不到眼前这份奏疏的水平。

张循宪就此把张嘉贞记到了心里，他对张嘉贞说："放心吧，我一定会向陛下推荐你！"

张嘉贞闻言，有些怀疑，他没敢当真，张循宪却当真了。

不久，武则天看到了张循宪的奏疏，深深为张循宪的"能力"所折服，当即进行了召见。到了武则天那里，张循宪说了实话："这不是臣的功劳，而是张嘉贞的功劳，此人非常有能力，臣愿意将自己的官职让给他，恳请陛下成全。"

公平地说，武则天虽然霸道，但同样爱才，听张循宪如此推崇张嘉贞，便来了兴致："朕难道没有一个合适的官职给有才华的人吗？"

意思很明显，只要张嘉贞有才，用不着张循宪相让，武则天自会有官职安排。

张嘉贞咸鱼翻身的时刻来了。

来到了武则天面前，张嘉贞看到了隔着帘子的武则天，改变张嘉贞命运的君臣对话随之展开。

一番对话之后，仪表堂堂、谈吐得当的张嘉贞得到了武则天的认可，就在这时，张嘉贞显示了自己与众不同的本事：敢跟皇帝提条件。

张嘉贞说："臣一介草民，今天得以跟陛下在内殿对话，这已经是莫大的荣幸。然而与陛下近在咫尺，却如隔云雾（帘子），恐怕君臣之道还没有完全达到。"

张嘉贞这是得寸进尺，他想让武则天去掉帘子，面对面对话。

武则天居然同意了，这一天她心情不错。

帘子撤去之后，张嘉贞再次向武则天行了大礼，并且抬头看着武则天，君臣二人有了第一次真正面对面的交流。事实证明，这是一次极其有效的沟通，张嘉贞就此给武则天留下了深刻印象，不仅他本人当场被委任为监察御史，连推荐他的张循宪也升了官，由侍御史升任司勋郎中。

如此一来，在家闲置近二十年的张嘉贞就重返仕途，从此一发不可收拾。

他从监察御史干起，很快便干到了兵部员外郎，在兵部员外郎任上，张嘉贞再次显示了自己的能力，别人束手无策、悬而未决的文件到了他手上都被轻松破解。在他上任之前，办公室文件积压成堆，在他上任之后，积压文件彻底消失，所有文件都得到了第一时间执行。

他的能力得到了认可，官职也不断提升，由兵部员外郎升任中书舍人，再从中书舍人到梁州都督、秦州都督，再到并州长史。

在并州长史任上，张嘉贞执法严格，部下甚是惧怕，其实张嘉贞也是没有办法，并州身处唐朝北面，属于帝国北边的门户，生死攸关，在这里不严格执法还真不行。

很快，张嘉贞的严格管理得到了李隆基的认可，正巧，张嘉贞回长安汇报工作，君臣二人有了一番对话。

这番对话，张嘉贞延续了自己与皇帝的谈话风格：敢跟皇帝当面提要求。

李隆基问张嘉贞："卿还有要求？"

张嘉贞马上借坡下驴，说道："臣很小就成了孤儿，与弟弟张嘉佑相依为命，现在他担任鄯州（今青海省乐都县）别驾，离臣很远，恳请陛下将其内迁，使得臣兄弟二人离得稍微近点，臣必当竭力报答陛下的恩德，死而无憾。"

张嘉贞真敢提条件，李隆基也真敢答应。

随后，张嘉佑便由鄯州别驾升任忻州刺史，不仅升了官，任职辖区还跟哥哥相邻，这是李隆基给张嘉贞的莫大恩宠。按照唐朝惯例，兄弟一般不能在相邻的州为官，防止兄弟联手，而现在，李隆基为张嘉贞破了这个惯例，因为他太欣赏张嘉贞了。

不久，张嘉贞向李隆基提出一个建议：设立天兵军，用来管理内附的突厥人，李隆基随即同意，同时任命张嘉贞为新成立的天兵军大使。

张嘉贞此举就是在太原城中设立军事基地，军事基地的名字叫天兵军。在这个军事基地里驻扎大量士兵，以防内附的突厥人将来叛乱，这是防患于未然。

此时的张嘉贞只是出于国家安全考虑建议设立天兵军，他没有想到，正是这个天兵军，成为他仕途上的一块重要基石。

开元六年，天兵军这块基石开始发挥作用。

一开始是反作用。

这一年天兵军大使张嘉贞进京汇报工作，一封针对他的检举信同期抵达。

检举信上说，张嘉贞在担任天兵军大使期间，生活奢侈，举止狂妄，贪赃枉法而且图谋不轨。如果检举信所说属实，张嘉贞就会被当场拿下。

然而，经过调查，检举信指控的内容都不存在，这下张嘉贞解脱了，检举人麻烦了，盛怒之下的李隆基准备将检举人斩首，让你再陷害忠良！

事情到了这个地步，按理说跟张嘉贞已经没有关系了，但张嘉贞并不这样认为，他反过头来为检举人求情：

国家的重兵利器都在北边，今天检举我的人因为检举不当而被处死，臣担心会就此堵塞言路，令陛下无法知道天下的事情，所以我建议陛下将此人特别赦免。

张嘉贞的这句话将检举人从死亡的边缘拉了回来，同时也为自己赢得了李隆基的进一步信任。从此时起，李隆基就下定了决心，有朝一日一定要用这个人当宰相。

当李隆基将自己的想法初步透露给张嘉贞时，张嘉贞的老毛病又犯了，他又跟皇帝讲起了条件：

昔日马周仕途起步时拜见太宗皇帝，太宗随即重用，那时的马周血气方刚，很快就展现了才能，可惜五十岁就去世了。如果太宗起用得晚点，恐怕马周就赶不上了。陛下如果想重用臣，一定要及时用，不然等臣衰老了，想用也

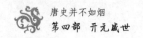

用不了了。

奇人就是奇人，别人在此时一般只会故作谦虚，而他迎面赶上：想用趁早！

李隆基倒是没有立即表态，他说："你先回去吧，适当的时候我会召见你的。"

张嘉贞满心欢喜地回去了，从此开始等待李隆基的召见，他肯定不会想到，等待中的召见，差点儿摆了乌龙。

宋璟罢相之后，李隆基先是想到了源乾曜，这是一个熟人，信手拈来，而给源乾曜配副手的时候，李隆基死活想不起来张嘉贞的名字了。

这人叫什么来着？

也不能怪李隆基记性不好，国家那么多高级官员，哪能一个个如数家珍？

李隆基对身边的宦官说："出去把外廷值班的官员叫进来。"

当天值班的是中书侍郎韦抗，韦抗进来后，李隆基对他说："你帮我想一个人，这个人姓张，名字是复名，很有风度和操守，如今正在北方当大将。"

韦抗顺着李隆基给的线索想了一下，说："莫非是张齐丘？他现在正担任朔方节度使。"

张齐丘？好像是吧！

"出去拟旨，任命张齐丘为宰相！"李隆基下令。

半夜，李隆基还在阅读奏疏，正巧翻到了一封奏疏，李隆基看了起来，不禁连连点头，再看名字：张嘉贞！

张嘉贞！

坏了，搞错了！

李隆基连忙命宦官出去通知韦抗：不是张齐丘，是张嘉贞。

那时幸亏没有手机短信，不然张齐丘还得空欢喜一场。

经过这一番折腾，曾经闲置达二十年之久的张嘉贞终于当上宰相，先是出任中书侍郎、同中书门下三品。不久，源乾曜官拜侍中，张嘉贞则官拜中书令，开元年间的第三个宰相组合就此成形。

张说归来

　　源乾曜和张嘉贞的组合自开元八年初开始运转，李隆基本对这个组合寄予厚望，然而等这个组合真正开始运转之后，李隆基发现，这两个人离自己的要求还有点远。

　　源乾曜这个人从个人品格方面堪称完美，也具备一定的行政能力，但是缺乏姚崇和宋璟那样的大局观，别人一旦提出意见，他很少提出反对意见，这让李隆基有些失望。身为宰相，自然应该挑起大梁，承担起帝国的重任，而源乾曜道德过关，能力似乎还欠缺一点。

　　其实，这不能怪源乾曜，要怪只能怪李隆基。当初源乾曜第一次拜相，就是给姚崇搭班子，顶替已经去世的卢怀慎。从某种程度而言，源乾曜这个人适合给别人当副手，但不适合独当一面。当他给别人当副手时，能够充分发挥自己的能力，而一旦让他当一把手，他就有些不知所措，表现反而不如当副手时出色。

　　这样的案例可以用鼎盛时期意大利 AC 米兰后卫科斯塔库塔来说明，科斯塔库塔跟巴雷西搭档时，表现非常好，一个根本原因是当科斯塔库塔出现漏洞时，巴雷西已经悄无声息地给他补上了，这样就弥补了科斯塔库塔的不足，两人组合也相得益彰。等到巴雷西退役后，科斯塔库塔成为后防核心，问题来了，他的失误越来越多，批评之声也越来越多，其实科斯塔库塔没变，只是他身边的人变了，让他一个习惯当配角的人当主角，那就是赶鸭子上架了。

　　源乾曜跟科斯塔库塔如出一辙，龙套的底子，配角的命。

　　既然源乾曜不行，那么张嘉贞呢？

　　张嘉贞同样不行。

　　虽然张嘉贞在地方官任上风生水起，但一旦担任宰相，问题就暴露了出来。他长期在地方养成了"说一不二"的习惯，办事雷厉风行，这样的习惯和办事风格提高了他的工作效率，但也养成了性格急躁、刚愎自用的毛病，这便成了张嘉贞的软肋。

　　身为宰相，要有大量，识得大体，同时又能于无形中平衡各方面的利益关系，这就需要宰相和风细雨润物无声，而不是动辄发怒，靠脾气解决问题。

　　无数的事实表明，仅靠脾气是解决不了问题的，相反只会越来越糟。

　　心明眼亮的李隆基把这一切都看在眼中，记在心里，他并没有急于更换这个组合,而是耐心地寻找第三宰相人选,他想用这个人来给源乾曜和张嘉贞补漏,或许这个三人组合可以承担起帝国的重担。

李隆基的目光在全国上下来回逡巡,最终落到了张嘉贞发家的地方——并州、天兵军。

在张嘉贞出任宰相之后,接替他担任并州长史、天兵军大使的是一个熟人——张说。此时已经是开元八年,距离张说被贬的开元元年已经过去了七个年头。这七年,张说过得非常不容易,如果做客《艺术人生》,不需要钢琴伴奏,就会哭得稀里哗啦。

这七年张说是怎么过来的呢?

开元元年末,张说被贬为相州刺史、河北道按察使,这个职位已经让张说的心中产生了巨大落差,没想到,这还不是最差的结果。

不久,更差的结果来了,他连相州刺史也做不成了,直接被流放到岳州,变成了一名流放犯人。

张说的人生到了前所未有的谷底。

然而,跌到谷底并非都是坏事,张说的诗歌水平在这一段时间里却得到了极大的提升,或许正应了那句话,"诗人的不幸正是文化之大幸"。

此时的张说,心中充满了凄婉,所写的诗也充满了悲凉。

岳州守岁

夜风吹醉舞,庭户对酣歌。

愁逐前年少,欢迎今岁多。

桃枝堪辟恶,爆竹好惊眠。

歌舞留今夕,犹言惜旧年。

岳州夜坐

炎洲苦三伏,永日卧孤城。

赖此闲庭夜,萧条夜月明。

独歌还太息,幽感见余声。

江近鹤时叫,山深猿屡鸣。

息心观有欲,弃知返无名。

五十知天命,吾其达此生。

有人说，在哪里跌倒，就在哪里躺下，张说却不，他要坚强地爬起来，绝不能就此认命。

此时的张说手中已经没有什么牌了，他又能拿什么翻身呢？

想了许久，张说自认找到了一件法宝：感情。

不久，张说写了一篇文章《五君咏》，然后托人将这篇文章送到了长安，张说特别嘱咐：一定要在某个特定日子把文章送进这个人家中，早了，晚了，都会误事。

张说委托的人按照他的指示将《五君咏》送进了一位官员的家中，在他转身离去的同时，便听到了主人的哭泣之声。

这正是张说想要的效果，他把时间、地点、人物全算计好了。

时间：故交苏瑰的忌日；

地点：苏瑰故宅；

人物：苏瑰的儿子苏颋；

情节：《五君咏》的开篇正是纪念苏瑰的文章。

所有因素集中在一起便形成了张说的计划：

他跟苏瑰是故交，现在苏瑰的儿子苏颋正担任宰相，张说在苏瑰的忌日送上纪念苏瑰的文章，就是为了让宰相苏颋念及两家的旧情拉自己一把。

整个计划环环相扣，缺一环，就会泡汤。

这个计划成功与否，关键取决于苏颋是否念及旧情。

当苏颋打开《五君咏》时，他发现这是父亲故交张说写的五首诗。这五首诗是纪念五个故人：苏瑰（许国公）、郭元振、魏元忠、李峤、赵彦昭，而纪念苏瑰的诗放在最上面：

> 许公信国桢，克美具瞻情。
>
> 百事资朝问，三章广世程。
>
> 处高心不有，临节自为名。
>
> 朱户传新戟，青松拱旧茔。
>
> 凄凉丞相府，余庆在玄成。

情到深处，情不自已。

满含热泪读过《五君咏》之后，苏颋决定拉张说一把。

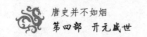

没过几天，苏颋便在李隆基的面前力陈张说"忠謇有勋"，这样一个对国家有功而且有能力的人，怎能弃之不用呢？

经过苏颋求情，李隆基决定再给张说一个机会。

不久，张说被委任为荆州长史，触底反弹开始了。

又过了一段时间，张说以右羽林将军检校幽州都督，这就意味着张说将以右羽林将军的身份暂时担任幽州都督，相比于荆州长史，又向前迈了一步。

在幽州都督任上，张说的运气继续转好，一次正常的回京觐见让他的触底反弹再次加速。

这次进见，张说事先做了设计，他没有穿着文官的官服，而是别出心裁地穿着戎装进见。看惯张说穿文官官服的李隆基顿时眼前一亮，他没想到，张说穿上戎装竟是别有一种风度，心中大喜，往日对张说的好感一瞬间又恢复了很多。

皇帝一高兴，张说的好运气便随之而来，李隆基随即将张说委任为检校并州长史、兼天兵军大使，同时交给他一项特殊任务：修国史。

到这时，张说的触底反弹已经接近成功，因为李隆基的这个安排已经透露出对张说的喜爱。

并州长史、天兵军大使都是重臣担任的职务，而修国史更是皇帝信得过的文官才能参与，现在李隆基把这两项任务同时交给张说，这说明，李隆基对张说的恩宠已经恢复了。

李隆基只是在等，等张说再给自己一个惊喜，如果张说能在并州长史任上立一个大功，那么把他重新送上宰相之位就在情理之中了。

李隆基并没有等待太久，很快，张说立功的消息便源源不断地传来。

就在张说上任并州长史不久，北方边境发生了一件大事，时任朔方大总管的王晙设了一场鸿门宴，将参加宴会的仆固部落酋长勺磨等人一举诛杀，随后还出动大军，将河曲一带原本投降唐朝的部落几乎屠杀殆尽。

王晙为什么要设这场鸿门宴呢？

起因是双方的相互不信任。

仆固等部落原来投靠东突厥，东突厥势力弱了之后，他们便投降了唐朝，生活在中部受降城（今内蒙古自治区包头市）附近。仆固等部落虽然已经投降，但与东突厥还是有着藕断丝连的联系，朔方大总管王晙担心仆固部落与突厥人里应外合，因此便决定先下手为强，于是就有了那场惨烈的鸿门宴。

鸿门宴的战果是显著的，恶果同样显著，那些同样原本投靠突厥后来又投降唐朝的部落一个个战战兢兢，生怕唐朝的屠刀下一个向他们砍去。居住在大同军（今山西省朔州市南）、横野军（今河北省蔚县）附近的拔曳固部落、同罗部落也吓破了胆，两个部落都徘徊在去和留的边缘，留就是大唐的朋友，去则意味着再度成为敌人。

在两个部落徘徊不定的时候，并州长史张说来了，他是"持节"代表皇帝来做安抚工作的。张说身后带了多少个人呢？仅仅二十名骑兵。

张说毫不畏惧，带着这二十名骑兵便进入各个部落进行安抚，天色晚了，索性就住到了这些部落的帐篷里。

张说不以为意，天兵军副使李宪却急坏了，连忙发急信敦促张说返回，然而李宪没有等来张说，却等来了张说的信：

我虽不是黄羊，但我不怕他们吃我的肉；我虽不是野马，但我不怕他们刺我的血。士见危致命，此正是我为国家效忠的时机。

张说的诚意最终打动了拔曳固和同罗部落，两个部落决定继续留下来，延续与唐朝来之不易的友谊。

消息传到长安，李隆基在心里为张说竖起了大拇指，入能为相，出能为将，张说不愧是一个"出将入相"的高手。

时间来到开元九年四月，一场由胡人发动的叛乱让张说又赢得了一个重重的砝码。

兰池州（今宁夏自治区灵武县）军区胡人康待宾引诱已经归降唐朝的六个部落发动叛乱，朔方大总管王晙与陇右节度使郭知运奉命进行讨伐，不久天兵军节度大使张说也加入讨伐行列。

三个月之后，康待宾被王晙生擒，并被押解回长安斩首。

然而，由康待宾引起的叛乱并没有就此结束，还有一部分残余在做最后的坚持，这时张说出手了。他率领步兵骑兵一万余人出合河关（山西省兴县西北裴家川口）对叛乱残余进行攻击，一下便打得叛乱残余溃不成军。

张说一路追击，追到了骆驼堰（今陕西神木县北），在这里，戏剧性的一幕发生了，原本与胡人叛乱部队联盟的党项部落反戈一击，对胡人叛乱部队发起了猛攻。

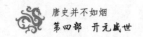

胡人的叛乱部队彻底崩溃，残余逃入了附近的山中，剩下的党项部落则向张说的大军表示投降。

怎么办？

对这个曾经跟胡人一起叛乱的党项部落是杀还是留？

一些人提出了杀，但张说并不同意。张说说："王者之师当讨伐叛逆，安抚忠顺，怎么可以杀降呢？"

随后张说向李隆基建议，在党项部落所在的地方设立麟州（今陕西省神木县），用来安抚已经投降的党项部落。

建议正中李隆基下怀，李隆基在心里又为张说记上了重重的一笔。

到这时，张说重新拜相只是时间的问题。

不过李隆基还在等，因为他心中还有顾虑，他还要给一位老臣最后的面子，只有到这个老臣离世后，他才会放心大胆地重新起用张说。

幸好，他不用等待太久，据他所知，这位老臣时日已经不多。

这位老臣便是张说的老冤家姚崇。当年正是因为张说与姚崇内斗，李隆基才把张说贬出长安为姚崇腾出了施展空间，现在李隆基准备重新起用张说，还要顾忌姚崇的面子，他不想让姚崇在有生之年看到自己"厚此薄彼"。

开元九年九月三日，姚崇在家中病逝，张说重返宰相之位的障碍全部消失。

十六天后，并州长史张说被擢升为兵部尚书、同中书门下三品，时隔近十年，张说又回来了。张说用了近十年的时间做了一次从高峰到低谷、又从低谷到高峰的折返跑，其中有他自己的因素，同时也有老冤家姚崇的因素。

难道张说和姚崇的恩怨真的化解不开吗？

其实不是，这一切的幕后推手是李隆基。

细心的读者可能会发现，在太宗李世民时期，大臣之间的关系相对融洽，你死我活的争斗相对较少，这是为什么呢？这是因为李世民有卓越的领导能力，他有能力将大臣掌握在股掌之间，不需要大臣们做"鹬蚌相争"，他坐收"渔翁之利"。

到武则天当国时代，她采用高压政策，大臣们也不敢拉帮结派，只能乖乖站到武则天一边。

到中宗李显时期，拉帮结派开始出现，而到睿宗李旦时期，这个现象更加明显，太平公主一派，太子李隆基一派。

那么到了李隆基时代呢？

他的能力明显超过了父亲和伯父，但是跟李世民和武则天比，还有不小的差距，因此在他的治下，他允许大臣"鹬蚌相争"，而他坐收"渔翁之利"。

姚崇跟张说斗，宋璟被人用小品拆台，这一切的始作俑者都是李隆基。

第七章　张说时代

一张一弛

经过长达十年的折返跑，张说终于重登相位，此时朝中共有三名宰相，排名如下：源乾曜、张嘉贞、张说。

从排名看，张说只是第三宰相，但这个第三宰相很快就做了几件大事。

第一件大事，兵制改革。

张说前后镇守幽州、并州时，唐朝边境的驻军达到了六十万人，而此时东突厥已经式微，无法对唐朝构成真正威胁，六十万人就显得多了。

张说担任宰相后便给李隆基提出建议：裁军二十万，让这些人回乡务农。

李隆基当时就惊了，裁军二十万？一旦边境有事怎么办？

张说说："臣久在边塞，知道其中的内幕，现在这些驻军，很多都被当官的用来担任护卫或者办事的杂役，根本没有用在国防上。况且想御敌制胜，兵在精而不在多，根本用不了那么多人，还耽误正常的农业生产。如果陛下还有忧虑的话，臣愿意以全家一百来口的性命作为担保。"

李隆基仔细一想，张说说的不无道理，六十万的边防军规模确实有些过大，还妨碍农业生产，张说久在边塞，说的应该是实情。李隆基同意了，这样唐朝边境的士兵数量就从六十万削减到四十万，精简掉的二十万全部投入农业生产，从而增加了国家租赋。

削减完边防军，张说又把目光投向了拱卫长安的卫军（类似于现在的中央卫戍区部队）。

按照唐朝惯例，男子二十岁开始服兵役，六十岁才能免除兵役，在二十岁到六十岁这段时间里，每年都要有几个月为国家服兵役，生命不息，服兵役不止。需要指出的，服兵役都是义务的，饮食、铠甲甚至武器都需要自备（薛仁贵跟随李世民东征高句丽就是自费出征），而且所在家庭并不因此减免其他劳役。

这个惯例从北周的府兵制而来，即农忙时正常进行生产，农闲时进行军事训练，国家有事时紧急集结出征打仗，实行的是"兵农合一"。这种制度对于生活在草原的民族很容易实现，对于以农耕为主的社会，当国家规模较小时也可以实现，而当国家规模很大、战争比较频繁时，府兵制的弊端就显现出来。

到李隆基开元年间，府兵制已经到了崩溃边缘，服兵役的家庭要么渐渐贫困（主要劳动力服兵役经常会耽误农耕），要么服兵役的人身体渐渐贫弱。渐渐地，"逃兵役"的现象越来越普遍，正值壮年的男子纷纷远走他乡，逃避服兵役。

这下就到了"无兵可征"的地步。

面对这个现象，张说提出了改革：

招募壮士充当宿卫，所在家庭不再承担其他劳役，同时给予这些壮士优厚待遇。

卤水点豆腐，一点就灵。

张说这一招果然奏响，招募令发出，青壮男子从四面八方云集而来，很多是原来逃避兵役的，现在看到招募令，便火速地加入宿卫的行列。

几天时间，便募集了十二万人，都是当打之年的青年男子。

其实，想加入这十二万人行列，难度也不小，首先要求身高五尺七寸以上，唐代一尺相当于现在的30.7厘米，五尺七寸相当于现在的1.75米，这个要求可不低。

在这之后，张说对这十二万人加以训练，训练结束，将这十二万人分属十二卫，每个卫一万人，这十二万人分成六个批次，轮流担任宿卫，这样困扰李隆基数年的"征兵难"问题在张说手中彻底解决。

从此，唐朝"兵""农"分离，军队逐步走向职业化，这是一件好事，然而好事的背后也隐藏着危机。（到安禄山时再细说）

改革完兵制，张说又把精力放到文化上，在他的推动下，李隆基设立了丽正书院。丽正书院的功能相当于皇家编译院，用来网罗当代知名的文学人士。

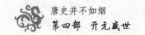
被丽正书院网罗的都有哪些人呢？

"少小离家老大回"的著名诗人贺知章，此时的身份是太常博士；秘书监（皇家图书院长）徐坚；监察御史赵冬曦。

他们的具体职责是什么呢？

一、校勘文章；

二、为李隆基伴读，随时解答李隆基的疑问；

三、享受国家提供的丰厚待遇。

对于文化人来说，这是一份美差。

张说就是这帮人的领导，李隆基命他兼任丽正书院院长。

公平地说，丽正书院的设立是一件好事，对于唐朝的文化发展有极大的促动作用。中国的社会传统就是这样，上行下效，上面喜欢什么流行什么，下面也就会跟风。唐朝为什么会成为诗的国度，一是文化发达到一定程度，二是唐朝的很多皇帝都喜欢诗，本身就是诗人，李世民、李治都是不错的诗人。

因此，丽正书院的设立，对于文化而言是好事。

然而，这样的好事也有人反对，中书舍人陆坚便提出了反对意见：丽正书院无益于国，白白浪费，恳请陛下将之取消。

砸场子的人来了，张说也不含糊：

自古帝王在国家无事时，不是建造宫殿，就是追求女色，当今皇上却偏偏喜欢文学。聘请知识分子，阐释各家经典，这么做对国家贡献很大，花费又很少。陆先生的话，是何等地没有见识！

就这样，张说理直气壮地将陆坚驳了回去，同时又赢得了李隆基的又一层认同。

智斗张嘉贞

与天斗，其乐无穷；

与地斗，其乐无穷；

与人斗，其乐无穷。

世界上无处不在的就是人与人的斗争，只要有两个人存在，就会有斗争，一个人一般没法斗，真想斗只能学周伯通——左右互搏。

说起李隆基治下的宰相组合，姚崇的班子是团结的，宋璟的班子也是团结的，这是因为给姚崇、宋璟搭班子的人是甘做人梯、甘当配角的人，比如当时的卢怀慎、源乾曜、苏颋。

然而到了源乾曜、张嘉贞、张说时代，斗争又开始了，因为他们谁也不服谁。

在这三人中，源乾曜相对中立，张嘉贞和张说的斗争则日益升级，他们斗争的根源是，谁都想当宰相团里的头。

源乾曜本质上是一个不愿与人争的人，张嘉贞和张说则不同，他们都想成为领袖，而不是一般的班子成员，斗争就此开始。

从两人的履历开始论，张嘉贞和张说曾经有一段时间是同事，那时他们都在兵部为官，张嘉贞是兵部员外郎，张说则是兵部侍郎。

兵部员外郎品级是从六品，相当于现在的处级，兵部侍郎品级是正四品，相当于现在的正司局级。也就是说，在兵部时，张说是张嘉贞的上级。等到两人都当上宰相时，位置发生了变化，张嘉贞排名第二，张说排名第三，这让张说心里很不舒服：我当正四品时，他才是从六品呢。

共事时间越久，张说的不舒服也在加剧，他本以为张嘉贞会给自己这个老上级面子，没想到，几乎每件事张嘉贞都跟张说争，丝毫不给张说面子，两人的关系越来越紧张。

不久，在一次对高级官员的用刑讨论上，两人的矛盾彻底公开化。

要被用刑的官员叫裴伷先，高宗朝宰相裴炎的侄子。睿宗李旦复位后，为裴炎恢复了名誉，并把所有的恩宠加到了裴伷先身上。

经过裴伷先的不断努力，到开元年间他已经做到了广州都督。

天有不测风云，开元十年，他因事被捕入狱，关于他的刑罚，由李隆基和宰相们共同商议。

就是在对裴伷先的用刑上，张嘉贞和张说起了争执。

张嘉贞的意见是当廷杖打，张说恰恰相反：

臣闻刑不上大夫，为的是他们接近君王，同时让他们养成廉耻之心，所以有"士可杀不可辱"的说法。有罪应死则死，应流放就流放，何苦那么轻易

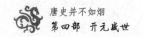

地当廷杖打，把他们当成小吏一样。裴伷先按罪就应该流放，不能再当廷杖打。

张说的建议是人性化的，他知道对于高官而言，面子比命更重要，让一个高官在大庭广众下、在同僚面前接受杖打，那比杀了他还难受。

李隆基最终接受了张说的建议，张嘉贞则讨了个没趣。

从朝堂出来，张嘉贞憋了一肚子气，他认为张说不给自己面子，故意让自己在皇上面前难堪，便冲张说说："刚才你讲那么多大道理干吗？"

张说回应说："宰相这个职位，运气到了就做，没有人能保证自己一辈子当宰相。如果棍子能打到高级官员身上，那么迟早有一天会打到我们自己身上。今天我不只是为裴伷先，也是为了全天下的官员。"

张嘉贞被噎住了，只能把气憋在肚子里，一个人享受有口难言的滋味。

这次争执张说占了上风，但张说并不决定到此为止，他已经看出来了，源乾曜充当老好人，高挂"免战牌"，他唯一的对手就是张嘉贞，只有把张嘉贞扳倒，他才能像姚崇、宋璟那样大展自己的拳脚。

为了大展拳脚的理想，必须扳倒张嘉贞。

张说开始研究张嘉贞的软肋，经过研究他发现，张嘉贞自身没有太多问题，除了脾气急躁、刚愎自用外，并没有其他的把柄。如果勉强算把柄的话，也就是曾经引荐过四个人，这四个人现在分别担任中书舍人（两人）、考功员外郎、殿中侍御史，而且这四个人跟张嘉贞走得比较近，经常凭借张嘉贞的权势做一些以权谋私的事。

张说认为这还不够，还不足以扳倒张嘉贞，要扳倒他，就要一击致命，让他轻易翻不了身。张说又开始研究，功夫不负有心人，张说终于找到了张嘉贞的软肋——他的弟弟张嘉佑。

此时张嘉佑已经出任左金吾卫将军，与哥哥张嘉贞相得益彰，哥俩一个为相，一个为将，风光无双，然而他们并没有意识到，所谓的风光下面，潜藏着巨大的危机。

他们的兄弟关系如果没有人做文章也就罢了，一旦有人做文章，兄弟俩就危险了。

现在张说就准备在张嘉佑的身上做文章，因为他发现了张嘉佑身上的污点。

一 箭 双 雕

开元十年末，李隆基准备从东都洛阳返回长安，这次返回他不准备走直线，而是要走一条折线，从洛阳向北先去并州（今山西省太原市一带）视察，然后再从并州返回长安。

这时张说提出建议："汾阴丘陵上有西汉王朝建立的后土祠，很久以来，已经没有皇帝去祭祀了。陛下应该趁这次巡幸将那里加以整修，然后举行祭祀仪式，为百姓祈求五谷丰登。"

李隆基听后，便同意了。

看着李隆基点头，张说心中窃喜，这一次跟随皇帝出巡，他心中装着两个计划，他要一箭双雕。

开元十一年正月三日，李隆基从洛阳出发，向北视察。

正月十四日，李隆基抵达潞州（今山西省长治市），这里是李隆基曾经战斗过的地方，他在这里担任过潞州别驾（总秘书长）。现在旧地重游，李隆基感慨万千，感慨之余，给潞州老百姓发了一个大红包：免除五年内赋税差役。

潞州的老百姓，今夜做梦也会笑。

正月二十五日，李隆基一行抵达了并州，在这里他又给当地送了个红包：在这里设置北都，并州升格为太原府，刺史改称府尹。府在唐朝是高于一般市的，相当于现在的直辖市，经过李隆基的这次规划，太原府就跟长安府、洛阳府平级了，都是特别市。

设置完北都，李隆基的心情很好，然而没过多久，一份奏疏破坏了他的心情。

奏疏是弹劾张嘉贞的弟弟张嘉佑的，上奏人指出：张嘉佑在地方任职期间曾经有贪赃枉法行为。

这道奏疏上奏的时间很要命。

此时正是李隆基巡幸期间，他最担心的就是长安和洛阳的安全。现在奏疏指出，左金吾卫将军张嘉佑贪赃枉法，他会怎么想呢？

不会少想，只会多想。

张嘉贞的麻烦来了。

张嘉贞还没有意识到自己已经中了张说的暗算，试问，如果不是张说提前

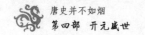

安排，怎么会那么巧在皇帝外出巡幸时，张嘉佑遭到弹劾？

张嘉贞方寸大乱，他居然在这个时候去找张说商量对策。

鸡找黄鼠狼当保安，老鼠找猫当伴娘。

在张说的"指点"下，张嘉贞脱去官服，改穿素色的平民衣服，在行宫外等候皇帝的处分。张嘉贞自己挖坑，然后自己又跳了下去。

如果张嘉贞直接面见李隆基，进行严格的批评和自我批评，以李隆基的开明，此事还有回旋的余地，毕竟犯事的是张嘉佑，而不是张嘉贞。但是张嘉贞郑重其事地往行宫外一站，事情就没有回旋余地了，李隆基即使想留下张嘉贞，他也得防备朝中百官的悠悠之口。

张嘉贞的宰相生涯就此终结。

开元十一年二月三日，张嘉贞被免去宰相职务，出任幽州刺史。

直到这时，张嘉贞才意识到自己被张说算计了，他恨恨地说道："中书令不是有两个人的编制吗？何苦如此相逼呢？"

一年后，张嘉贞回京出任户部尚书，与张说在一次宴会上仇人相见，分外眼红。一番脏话之后，两大高官伸胳膊撸袖子要进行近身肉搏，结果还是中间派源乾曜奋力拉住了两人，才避免了两大高官的无限制级搏击。

扳倒张嘉贞，张说计划中的一只雕已经落入袋中，那么下一只呢？

二月十六日，李隆基在汾阴祭祀后土祠，为天下百姓祈求五谷丰登。

祭祀完毕，张说又笑了，至此，他的又一只雕也落入袋中。

这是一只什么雕呢？

这是一只抛砖引玉的雕。

张说把李隆基引到后土祠祭祀，其实是有深意的，后土祠是汉武大帝建立的，汉武大帝曾经在这里举行祭祀仪式，这是张说抛的砖。

在砖的后面是玉，汉武大帝曾经到泰山封禅！

泰 山 封 禅

不想当厨子的裁缝就不是一个好司机。

——郭德纲

不想到泰山封禅的皇帝就不是一个好皇帝。

——曲昌春

如同现在很多孩子的明星梦一样，历朝历代的皇帝都有一个泰山封禅的梦。

"封禅"，《史记·封禅书》如此解释：登封报天，降禅除地。也就是在泰山顶上筑圆坛以报天之功，在泰山脚下的小丘之上筑方坛以报地之功。

在封建王朝，"封禅"是首屈一指的大典，其对于王朝的重要程度，不亚于当今举办一场夏季奥林匹克运动会。

同时，"封禅"也有条件要求的：一、天下太平；二、天降祥瑞。两者具备一个，才能封禅，而历朝历代前去封禅的皇帝一般都是因为满足了第一个条件：天下太平。

秦始皇封禅泰山，因为他统一六国，建立了大一统的中央集权国家。

汉武帝封禅泰山，因为他雄才大略，扫除边患。

太宗李世民一直有一个封禅梦，不料经常被国内的突发事件打乱计划，不是因为天灾，就是因为大臣强烈反对，终其一生，都没有实现自己的封禅梦。

唐朝第一个举行封禅大典的皇帝是唐高宗李治，就个人能力而言，他不配与秦始皇和汉武帝相提并论，可他是幸运的，因为他站在太宗李世民这个巨人的肩膀上。

现在张说把李隆基引到了汉武帝建立的后土祠，泰山封禅呼之欲出。

我们平常人有自己的偶像，历朝历代的皇帝也有偶像，他们的偶像有的是秦始皇，有的是汉武帝，隋炀帝的偶像就是汉武帝，他曾经想模仿汉武帝开拓疆土，不料画虎不成反类犬。

李隆基想不想学汉武帝呢？他也想学，他的心中也有一个"大国梦"。

由此，李隆基"封禅泰山"的念头呼之欲出，张说的心也在蠢蠢欲动。

开元十一年二月二十七日，张说的一箭双雕计划收获了初步成功，在张嘉贞被免除宰相职务后，张说被委任为"兼中书令"，这就意味着张说已经成为与源乾曜完全并驾齐驱的宰相。

九个月后，张说作为礼仪大典总监全程策划组织了李隆基的长安郊区祭天仪式，算是泰山封禅的一个前奏。

时间走到开元十二年末，封禅泰山的呼声越来越高，张说第一个呈递奏疏，建议李隆基封禅泰山。随后，文武百官群起响应，封禅泰山已经"群情

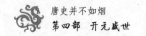

激昂"。眼看文武百官如此迫切，李隆基终于按捺不住了，他决定在开元十三年十一月十日举行封禅，以满足文武百官的呼声。

张说兴奋不已，源乾曜却不断摇头，在封禅泰山的问题上，他俩少有地唱起了反调。

张说第一个提出封禅，源乾曜却自始至终表示反对。

两人大相径庭，其实是性格和观念的差异造成。

张说是一个诗人，骨子里有浪漫情怀，同时也有追求大场面的冲动基因，他进入官场不是像源乾曜一样通过明经举，而是通过武则天亲自当考官的制举。

制举是皇帝不定期进行的考试，这类考试考的是考生的现场反应和实际能力，张说便是在洛阳参加了武则天主持的制举考试，于万人对策中脱颖而出，获得第一。不过唐朝开制举以来还没有给过考生甲等，因此张说明明是甲等，却以乙等身份进入仕途。不过这也够牛了，一等奖空缺，他是二等奖，这就是不是一等奖的一等奖。

这个特殊的经历，使得张说不像源乾曜那样保守，也就不囿于以往的经典，从而与源乾曜的政治理念格格不入。

源乾曜讲究的是"清静无为，与民生息"，封禅大典必定要动用大量的人力、财力、物力，这是源乾曜所不愿意看到的，张说却恰恰认为，为了封禅大典，必要的付出是值得的。

一个追求开天辟地的大场面，一个追求清静无为与民休息，两个追求不一样的宰相前所未有地发生了矛盾。

从此，源乾曜对张说产生了成见，春风得意的张说却不以为意，只要赢得李隆基的支持，别人又能奈他何。

张说的感觉没有错，李隆基对他的恩宠越来越深。

开元十三年四月初，张说将拟订好的封禅大典仪式呈递给李隆基，李隆基阅后基本满意，便召集所有参与礼仪制定的官员在集仙殿饮酒。

饮至高兴处，李隆基说："神仙都是虚幻的，我是不信的，贤人才是治理天下的工具，今天我跟你们这些贤人一起在这里饮酒，这个殿应该改名叫集贤殿。"

掌声四起！

借着"集贤殿"的话题，李隆基再进一步：

任命丽正书院五品以上的官员为学士（皇家研究官）；

六品以下官员为直学士（皇家初级研究官）；

张说为书院院长，徐坚为副院长。

最后李隆基还有一个特别任命：张说为大学士（皇家高级研究官）。

满座都是学士和直学士，就张说一个大学士，这是何等的恩宠！

然而，恩宠都到头顶了，张说却坚决推辞了，大学士的帽子太大了，不能戴，也不适合戴。李隆基不再勉强，戴不戴大学士的帽子是张说的事，而在他的心目中，张说早就是大学士了。

封禅大典一天天临近，张说却一直为一件事担心。

烦恼之余，他找来了兵部郎中裴光庭，诉说了自己的苦恼：皇上将要封禅泰山，可我担心突厥人趁机在边境发动偷袭，是不是应该在边境增派军队？

裴光庭听完，回应道："封禅，就是向天地禀告国泰民安，现在我们即将登上泰山向上天禀告，此时却在害怕戎狄，这可不是展示国家盛德的做派。"

张说问："那你说怎么办？"

裴光庭说："四夷之中，突厥最大，以往他们屡次请求和亲，朝廷都横加阻拦没有答应，我们可以在和亲的问题上做文章。我们派出使节到突厥出使，先答应他们的和亲要求，然后让他们派大臣跟随皇上到泰山封禅，他们一定会欣然从命。突厥来了，其他戎狄领袖就没有一个敢不来，这样我们就可以偃旗息鼓，高枕无忧了。"

张说一听，顿时兴奋地说："高！我张说都没想到这个好点子！"

随后，张说便把计划上奏给李隆基，李隆基批准。

经过物色，张说找到了中书直省袁振，然后把袁振火线提拔为摄鸿胪卿（代理藩属事务部部长）。

从这个安排来看，张说和李隆基对与突厥和亲是没有诚意的，不然也不会让袁振出使。

袁振此时的身份是中书省直，说白了是从别的部门暂时调到中书省工作的，类似于现在的挂职干部。现在张说把这个挂职干部火线提拔为代理鸿胪卿，让他出使突厥，目的只有一个：忽悠，而且不准备兑现。一旦将来突厥人追究起来，就可以一推六二五：那是一个代理鸿胪卿，不作数的。

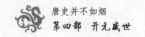
真够坏的！

火线提拔的袁振没有辜负张说的信任，进入突厥可汗的大帐后，便开始了自己的忽悠。

突厥人先起了话头："吐蕃，狗杂种而已；奚、契丹本来都是我们的奴隶，连他们都娶到了唐朝公主，我们突厥人前后多次求婚都没有得到批准，为什么啊？当然，我们知道嫁入吐蕃、奚的都不是真正的皇帝女儿，可问题是现在没人问公主真假！我们屡次请求都没有得到批准，弄得我们在他们面前很没面子！"

突厥人说完，代理鸿胪卿袁振拍起了胸脯："没问题，你们就放心吧，包在我身上，回去后我就向皇帝奏报，一定让你们娶到大唐公主！"

突厥人心眼实，不知道娶公主这件事也能打白条。

顿时，突厥可汗心花怒放，这下终于可以在吐蕃人面前抬起头了。

当袁振提出让大臣跟随到泰山封禅时，突厥可汗想也没想就答应了，当场就指定重臣阿史德颉利发跟随袁振返回唐朝，然后一起参加封禅大典。

万事齐备，只差出发！

开元十三年十月十一日，李隆基从东都洛阳出发，往泰山封禅，在他的身后是文武百官、皇亲国戚和四方蛮夷酋长，这一行便浩浩荡荡向泰山进发。每次停下休息，方圆数十里顿时陷入人山马海，至于补充给养的队伍，绵延数百里。

由此可见，封禅真是盛世才能干的事，如果兵荒马乱、积贫积弱，连最起码的排场都摆不起，就别提封禅了。

开元十三年十一月六日，李隆基抵达泰山脚下，换上御马准备登山。

登山之前，李隆基做了如下安排：随从官员一律留在山谷口，宰相及祭祀相关官员跟随皇帝登山，随行部队在山下警戒（队伍绵延一百余里）。

随行人马安排好后，李隆基问礼部侍郎贺知章："以前历代皇帝祭天为什么不让别人看祭天的玉牒？"贺知章反应很快，他知道皇帝这是要找一个捧哏的人，他马上回应道："他们可能是想为自己祈求神仙的帮助，所以不敢公开，怕别人看。"

李隆基摇摇头，正色道："朕为苍生祈福，自然不怕人看！"

随后，李隆基命人取出玉牒，向文武百官展示：

有唐嗣天子臣某，敢昭告于昊天上帝：天启李氏，运兴土德。高祖、太宗，受命立极，高宗升中，六合殷盛。中宗绍复，继体不定。上帝眷祐，锡臣忠武，底绥内难，推戴圣父。恭承大宝，十有三年。敬若天意，四海晏然。封祀岱岳，谢成于天。子孙百禄，苍生受福。

其实，在玉牒这个问题上，贺知章是往前代皇帝身上泼脏水了，历朝历代的皇帝只要是到泰山封禅，都是为天下苍生，即使秦皇、汉武追求长生不老，也不会通过封禅而为自己求长生不老。

不过贺知章也没办法，他看出了李隆基想展示自己的高尚品德，只能顺着他的话头把前朝皇帝矮化，把前朝皇帝说成猪八戒，就一下子显示出李隆基这个孙悟空了。

展示完玉牒之后，李隆基开始登山。

十一月十日，李隆基在泰山顶峰祭祀昊天上帝，与此同时，文武百官在山下的神坛祭祀五帝及百神；

十一月十一日，李隆基下山，在社首山（今泰安市西南）祭祀地神：

惟开元十三年，岁次乙丑十一月辛巳朔十一日辛卯，嗣天子臣隆基，敢昭告于皇地祇：臣嗣守鸿名，膺兹丕运，率循地义，以为人极，夙夜祇若，汔未敢康。赖坤元降灵，锡之景祐，资植庶类，屡惟丰年。式展时巡，报功厚载，敬以玉帛、牺齐、粢盛、庶品，备兹瘗礼，式表至诚。睿宗大圣真皇帝配神作主。尚飨。

至此，封禅仪式结束。

通过以上描述可以得出一个结论：

封禅就是举全国之力办一场盛大的仪式，仪式上皇帝给天和地各发一条短信息：国泰民安，您老放心！

在庄严的封禅仪式上，所有人都相信，上天和大地已经收到了李隆基发出的短信息，他们相信，收到短信息的上天和大地一定会保佑大唐王朝国泰民安。

愿望都是好的。

具体到这次封禅，上天可能收到了李隆基的短信息，但是发给大地的却一直没有发出去。

一千多年后（1931年），军阀马鸿逵率部在山东泰安一带驻扎，无意中发

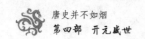
现了一个五色祭坛，命人挖出一看，里面有两个玉册，其中一个就是李隆基祭祀地神的玉册。

也就是说，发了一千多年，那玉册还在，也不知道大地算收到了，还是没收到。

与李隆基的玉册一起被挖出来的是宋真宗的玉册，哥俩如果能在地下相见，可以握着手互相说一句：缘分啊！

人生顶峰

封禅泰山在张说的策划下圆满完成，李隆基对张说的信任达到了前所未有的顶峰，这个顶峰或许已经超越了姚崇和宋璟。

对于张说而言，他帮助皇帝李隆基完成了场面宏大的封禅大典，可以载进史册的大典；

对于李隆基而言，从此他就被架上去了，他已经开始沿着汉武大帝的足迹前行，后土祠祭祀，泰山封禅，下一步是不是就是扩土开边呢？

张说并没有意识到，正是自己让皇帝李隆基的大国梦越做越大，先是改革了兵制，为开边提供了军事可能，后是泰山封禅，让李隆基比肩汉武大帝的愿望越来越迫切。

历史在很多时候都是这样，开始时无意为之，后来就随着惯性前进。

张说并没有第三只眼，他看不到未来，他能看到的只是当下。

此时的张说，心情好到了极点，他跟随李隆基登上了泰山之巅，而他的权力也随之到达巅峰。尤其是这次封禅，凡是他欣赏的官员都列入了陪同祭祀的行列，他们一起跟随李隆基登山，而其他官员只能酸溜溜地在泰山脚下祭祀五帝和百神。

领略完泰山顶峰风光之后，陪同祭祀的官员又得到了意料之中的礼物：就地升职。

按照李隆基的规定，凡是陪同登山祭祀的官员全部升迁，这样张说欣赏的官员全部因为这次封禅得到提升，不少人因此破格提拔成正五品（正司局级）。

这时，一位官员来到张说身边，他想给张说提个醒。

这个人叫张九龄，后来的宰相之一。

此时的张九龄是正五品的中书舍人，因为才华横溢，深得张说的赏识。

张九龄对张说说："如此大规模地提拔跟您亲近的官员，恐怕不妥。"

张说不以为然地摇摇头，谁又能奈我何，再说了，是皇上提拔的，又不是我张说。

不经意中，张说把人得罪遍了，没有得到提拔的文武百官恨他，跟随封禅的士兵也恨他，因为士兵们只得到了象征性的官阶提升，却没有任何实物赏赐。

一次封禅，得罪了几乎所有的人。

值得一提的是，这次封禅倒是给中华文化宝库增添了一点东西。

张说的女婿郑镒本来是九品，封禅后一下子就被破格提拔为五品，穿起了五品官员才穿的绯色官服。李隆基记得以前郑镒是九品官，没想到一段时间不见就升到了五品，升得也太快了。

李隆基有些好奇，想弄清楚是怎么回事，便把郑镒召进宫中。面对李隆基的询问，郑镒支支吾吾不知道如何回答。

这时唐朝插科打诨高手黄幡绰说："此泰山之力也。"

李隆基闻言，会心一笑，原来如此，沾的是泰山的光。

从此，以"泰山"指代"岳父"成为惯例，也算是张说为中华文化宝库的一大贡献。

延伸说一句，既然岳父被称为"泰山"，那么岳母被称为什么呢？

有人说，北斗！

那是武侠小说看多了。

岳母被称为泰水，出自宋朝庄季裕的《鸡肋编》卷上：

> 俗人以泰山有丈人观，遂谓妻母为泰水。

致 命 错 觉

从开元九年重新拜相以来，张说的官运越来越好，越来越顺，一直顺到他觉得老天都在帮他。

开元十一年二月，张说扳倒了张嘉贞，随后张说顶替张嘉贞出任中书令。

张说原来的兵部尚书、同中书门下三品空了出来，李隆基一转手就把这个职位给了一直在边境破敌有功的王晙（设鸿门宴、生擒康待宾的那位）。一个多月后，李隆基又给王晙的肩上加了一副担子：兼任朔方节度大使，出外巡视河西、陇右、河东、河北各军事基地。

接受任命的王晙肯定不会想到，这副担子竟然引出那么多波折。

这一年十一月李隆基将在长安郊外举行祭天仪式，便向巡视在外的王晙发出召唤：回京参加祭天仪式。

没想到，王晙拒绝了。

王晙回复说："现在已经是冬天，突厥人可能发动袭击，我需要在这里镇守，以防不测。"

李隆基表示理解，还特意赏赐冬衣一套以示恩宠。就在这时，针对王晙的告发不期而至，许州刺史王乔的家奴举报说：王乔和王晙图谋不轨。

举报正捅在李隆基的腰眼上，政变起家的他最怕的就是武将图谋不轨。

李隆基立刻下令源乾曜和张说进行彻查，一定要彻底查一查王晙。

经过调查，谋反无从谈起。

得到这个结果，王晙不由得松了口气，然而接下来的判决让他如鲠在喉：

虽然谋反查无实据，但前次皇帝下诏召回长安，居然违诏不归，贬为蓟州刺史。

王晙有口难辩，只能自认倒霉，要怪只能怪诬告出现的时间太不是时候了。

在王晙被诬告事件中，源乾曜和张说究竟有没有做手脚，史无明载，无法断言，只能肯定一个事实：因为王晙落马，张说在宰相班子里只需要与源乾曜一个人过招，而不是原来的以一敌二。

连老天都帮张说。

开元十二年六月，张说又一次感受到老天的帮忙。

这一年崤山以东大旱，为了稳定民心，更好地领导百姓抗旱，李隆基决定从京城挑选五个有名望的官员到地方出任刺史。

张说微微一笑，这一次又是老天帮忙了。

他想炒一个人的鱿鱼已经很久了。

几个月前，张说向李隆基推荐了有仁孝之名的官员崔沔，张说想把他发展成自己的帮手，像卢怀慎、苏颋那样的与一把手保持一致的帮手。

然而等到崔沔升任中书侍郎之后，张说发现自己选错了人。

张说对崔沔说："现在的中书省都是中书令直接负责，一手掌握，侍郎虽然是副手，但只是署名而已，除此之外，没有其他事情。"张说这是跟崔沔推心置腹，希望崔沔认清自己的位置，像卢怀慎、苏颋一样，做一个绝对服从领导的副手。

崔沔会做何反应呢？

崔沔说："不对。既然设立官职，每个人都应该负起自己的责任，上下级相互协调，各申主见，才能把事情办好。岂能在那里袖手旁观，白拿国家俸禄呢？"

听完崔沔的话，张说意识到，坏了，找错人了，人家不是来搭班子的，而是来分权的。

事已至此，张说不好再说什么，只能走一步看一步。

不久张说发现，崔沔不仅是说说而已，他说到做到，几乎在所有事情上都要提出自己的意见，有的甚至是针锋相对的意见。

张说受不了了，他决定找机会把这个大爷送走。

关键时刻，老天开眼了，崤山以东大旱。

借着李隆基往地方下派刺史的机会，张说把崔沔的名字报了上去，这样中书侍郎崔沔就被张说送到魏州当刺史了，再也不能跟张说唱反调了。

两次折腾下来，张说的错觉达到了顶点，他认为他不仅得到了李隆基的绝对支持，而且连老天都在帮他。

事实证明，这个错觉很致命。

政 坛 新 贵

花开两朵，各表一枝。

在张说大红大紫的同时，唐朝政坛正在崛起一个政治新贵——宇文融。

同宋璟、张说这些科举出身的人不同，宇文融是地道的贵族出身，他的祖上是隋朝礼部尚书宇文弼，他的祖父宇文节在贞观年间担任尚书左丞，在永徽年间一度出任侍中。然而好景不长，宇文节最终被牵连进房遗爱谋反案，被流放到桂州，再也没能回来。

到宇文融父亲这一代，官职跟祖上就差着等级了，他的父亲宇文峤只做到了莱州长史。

到宇文融这一代，就更惨了，开元初年宇文融才做到富平县主簿，只是一个九品官员，相当于股级干部。不过因为宇文融办事得力，前后两任京兆尹都很欣赏他，后来在两任京兆尹的提拔下，宇文融升迁为监察御史。

监察御史品级不高，只是正八品（正科级），但是权限很大，可以参与的范围很广，百官的行为、各地的民情等都可以上奏，奏疏直通皇帝。

正是在监察御史任上，宇文融风生水起。

因为宇文融看到了皇帝最想解决的问题：户口不清，土地模糊。

为什么会出现这样的问题呢？

这是因为随着社会的发展，唐朝的人口流动加大，很多百姓从一个地方迁徙到另外一个地方，而相关的户籍管理却跟不上，进而很多人成了"黑户"，不承担任何国家赋税；与"黑户"相对应，土地也存在"黑地"，这些"黑地"多数是新开荒出来的，但政府没有登记在册，这部分土地的赋税就白白流失。

宇文融看到了这些现状，因此向李隆基提出了解决办法：

各州县逃亡的户口，一百天内允许回原籍自首，或者在现在所在地登记注册，或者由官府遣返回乡，一切凭本人自愿。过期不自首的，就由官府开始检查，一旦查出，发配边疆，官府和私人有包庇的，同罪！

宇文融正中李隆基的下怀，君臣二人一拍即合。

之后，李隆基便委任宇文融为清查户口总监，全权负责清查逃逸户口和没有登记在册的土地，宇文融的机会来了。

经过清查，全国各地陆陆续续查出大批逃逸户口和没有登记在册的土地，整顿初见成效。

宇文融也随着这次整顿水涨船高，由正八品的监察御史升任从六品的兵部员外郎兼侍御史。

尝到甜头的宇文融并没有就此止步，很快他又向李隆基提出建议：设置劝农判官（农业发展执行官）十人，这十人同时代理御史，分赴全国各地，进行深入整顿。

李隆基再次同意。

宇文融这个建议很有杀伤力，他力主设立的十个劝农判官相当于朝廷派出的钦差，虽然品级不高，但是权力很大。除此之外，他们还代理御史，随时有弹劾地方官员的权力。

后者很要命，是官都怕弹劾。

整顿行动迅速在全国铺开，开始时还比较正常，甚至受到了老百姓的欢迎，因为这次整顿行动还有一个优惠条件：凡是新增加的户口，免除六年的赋税，只需要另外交一种很优惠的税。

两相对比，新增户得到了实惠，欢欣不已。

然而，接下来的事情就变味了。

由于劝农判官到地方后都想立功，都想自己所在的片区出成绩，因此对地方官员的要求非常严格，甚至制定了相应的指标。地方官员一方面害怕弹劾，一方面也想出政绩，因此对老百姓的催逼便越来越严，发展到最后，直接到了弄虚作假的地步：把原来已经登记在册的户口改头换面变成新增户口，原来已经登记在册的土地当成新增土地。

这下数字好看了，老百姓的负担却加重了，原来的一份赋税变成了两份，一份旧的，一份新的。

官出数字，数字出官，政绩工程害死人。

经过全国上下的不断努力，成果是显著的，全国共新增户口八十余万，新增田地也基本相同（其中有一定的水分）。

到年底，仅新增户口缴纳的赋税就达到了数百万串钱，沉甸甸的数字打动了李隆基。

李隆基再一次升了宇文融的官，将他由兵部员外郎擢升为正四品的御史中丞。

到这时，张说对宇文融这个政治新贵产生了深深的厌恶，因为在这次整顿过程中，宇文融已经凌驾于中书省之上。

宇文融命令各地官员，相关事务先行报告给劝农判官，然后再报告中书省；同时中书省各部门，也需要等宇文融裁决之后，再进行裁决。如此一来，

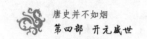

宇文融的工作班子就与张说的中书省发生了权力交叉，而且还占据上风，这让张说非常不爽。

不爽归不爽，张说还不能表现出来，因为宇文融能为国家增加收入，李隆基非常宠爱。于是张说只能暂时收起不满，心不甘情不愿地配合宇文融的工作。

户口和土地整顿活动终于结束了，张说松了一口气，以为从此之后与宇文融再也不会有交集。

然而，他不想与宇文融有交集，宇文融却想跟他有交集。

升任御史中丞的宇文融给李隆基又上了一道奏疏：

近来有人反映官员选拔不够公平，建议将待选拔的官员分为十个部分，不经过吏部，改由其他部门十个官员主管，皇上最后亲自定夺。

这道奏疏极具杀伤力。

如果按照宇文融的建议，将待选官员分成十个部分，而将吏部排除在外，那么吏部将颜面无存，张说这个宰相同样颜面无存，因为按照惯例，他这个宰相在任命官员方面是有话语权的。

按照这个建议，全没了！

要命的是，李隆基居然同意了，随即委任礼部尚书苏颋等十人负责此次选拔，张说以及吏部尚书、吏部侍郎全部靠边站。

张说对宇文融的不满达到了极点，宇文融，你也太猖狂了。

张说开始反击，对所谓的"分十个部分选拔官员"提出不满，如此一来，张说和宇文融就直接交上火了，双方的梁子彻底结下了。

在张说之后，太子左庶子吴兢也给李隆基上了一道奏疏：

陛下受人蒙蔽听受谗言，不相信有关部门的官员，这可不是高居上位、开诚布公的正道。昔日陈平、邴吉身为汉朝宰相不知道钱谷之数，不直接过问打架杀人的凶案；况且大唐万乘之君，怎么能直接过问官员选拔的小事呢？对于选拔官员的事，还是应该交给有关部门（吏部），并且停止由十人负责选拔的现状。

奏疏上去之后，李隆基回心转意，虽然没有立刻停止，但是决定从明年开始再恢复原来的选拔制度。

这样，宇文融的建议只实行了一年就寿终正寝，倒害得他白激动一场。

这番较量下来，张说又占据了优势、习以为常的优势。

习以为常的优势总是容易让人麻痹，张说被自己的优势麻痹了，他没把宇文融放在眼里，而宇文融却把他放在了心里。

毛主席说，要在战略上藐视敌人，战术上重视敌人，张说做到了前者，却没有做到后者。

张说罢相

时间进入开元十四年，张说在自我感觉良好中前行，也在危机四伏中前行，但他自己浑然不觉。

张说依然延续着自己的做派，一静一动，截然不同。

安静时，他独立思考，手里拿着别人送给他的两颗珠子。这两颗珠子绀色有光，名曰"记事珠"，张说有什么事情想不起来时，就用手拨弄这两颗珠子，顿时就会觉得心神开悟，大事小事都涌上脑海，历历在目，一无所忘。凭借这两颗珠子，张说的记忆力非常好，事事用心。

躁动时，则完全与安静时是两个做派，一旦下属官员汇报工作不对张说的脾气，他就会发火骂人，毫不留情，直到把对方骂得无地自容，他才罢休，于是众人对他有如此评价："张公之言，毒于极刑！"

被张说骂得最多的就是政治新贵宇文融，张说一看不惯他的为人，二看不惯他越来越红，因此能打则打，能压则压，在张说的面前，宇文融很难得到好脸。

骂完宇文融，张说舒坦了，在一边旁观这一切的中书舍人张九龄却紧张了起来，他对张说说："宇文融正在承受皇上的恩宠，他本人又巧言善辩，您不得不防啊！"

张说不以为然，说道："那些鼠辈能成什么事啊！"

久在上位的人就是容易麻痹，张说从门缝里看宇文融，把他看扁了。

事实证明，张说确实小看了宇文融，在张说放松警惕的同时，宇文融倒张说的运动正进行得如火如荼。他得到了一个得力的帮手，此人后来成为唐朝的著名奸相，名字叫李林甫。

李林甫，大有来头，他的曾祖是高祖李渊的堂弟长平王李叔良，论辈分他比当今皇帝李隆基还高一辈，按照《三国演义》里刘备的自抬身价，他是当今皇帝的皇叔，别人得喊他一声"李皇叔"。

刘备自卖自夸也就罢了，李林甫是不敢的，敢给当今皇帝当皇叔，借他一个胆。

自古以来，皇帝的亲戚都是单向的，而不是平常人的双向，也就是说，如果皇帝给你面子，承认你这个亲戚，那你就是皇亲，如果皇帝不给你面子，你就只能当亲戚关系不存在。像刘备那样跟皇上还没见过面就自封为"皇叔"的，一般情况下就离死不远了，这是真事。

李林甫不敢摆皇叔的谱，他老老实实地从基层干起，第一个职位是千牛直长（宫廷侍卫）。这个职位是朝廷给贵族子弟预留的，李林甫就凭借祖上的恩荫，得到了这个职位。

千牛直长这样的职位对于一般人来说也算不错了，但对于李林甫而言，还远远不够。

幸好，他还有一门高亲，他的舅舅是当时正得宠的楚国公姜皎，因为李林甫擅长音律，姜皎很是喜爱。在姜皎的提携下，开元初年，李林甫当上正五品的太子中允。

很快李林甫发现，仅靠姜皎一条线是不够的，他需要两条腿走路，于是他开动脑筋，迅速傍上了源乾曜这条线。

李林甫是如何傍上源乾曜的呢？

靠的是人力资源整合。

李林甫的舅舅是姜皎，姜皎的妹夫叫源光乘，而源光乘正是源乾曜的侄孙（侄子的儿子），经过这样一番串联，李林甫傍上了源乾曜。

关系链条如下：

李林甫—姜皎（李林甫的舅舅）—源光乘（姜皎的妹夫、源乾曜的侄孙）—源乾曜

傍上源乾曜之后，源乾曜对李林甫印象不错，这就给李林甫留下了上升的空间。

不久，李林甫开始向源乾曜提要求，不是直接提，而是委托源乾曜的儿子源洁。

源洁对源乾曜说："李林甫想当司门郎中。"源乾曜一听便摇头了，他说："郎官对品行、才能、声望都有很高的要求，哥奴（李林甫小名）岂是郎官的材料？"

李林甫想当的司门郎中属于刑部的从五品官员，掌管天下诸门及关口出入往来之籍赋，有点现代边防检查的意思。

从五品的司门郎中没有当上，不过源乾曜还是给了李林甫一个补偿，将他擢升为正四品的太子谕德，这是个闲职，主要给太子进谏。

闲职归闲职，李林甫的行政级别却上来了。又过了一些日子，李林甫转任国子司业（国立大学副校长），他这个国子司业跟别人不一样，别人是从四品，他是正四品。

这时李林甫又开始转动脑筋，在满朝官员中寻找新的大树，经过一番逡巡，他把目光锁定在政治新贵宇文融身上，这个人或许是自己的新靠山。李林甫火速靠了上去，宇文融也张开了怀抱，在朝中没有多少根基的宇文融也需要李林甫，双方各取所需。

经过宇文融的推荐，李林甫被擢升为御史中丞，御史中丞的编制为两人，他和宇文融一人占据一个。

当宇文融和李林甫结成联盟时，这两颗炸弹已经具备了超强的威力。

御史中丞是御史台的副职，上面还有一个御史大夫，御史台主管风纪，其威力之大，自己想象。

从此宇文融和李林甫开始寻找机会，他们要把张说打落马下。

开元十四年二月七日、八日，李隆基连续发布了两个人事任命：

任命崔日知为左羽林大将军；任命崔隐甫为御史大夫。

宇文融和李林甫从这个任命中看到了机会。

不就是两个人事任命吗？有什么机会可言。

原来，人事任命的背后还有一段曲折。

本来李隆基将崔隐甫从河南尹（洛阳特别市市长）位置上调进京城准备重用，张说却觉得崔隐甫学识浅薄并不看重，便准备让崔隐甫出任金吾卫大将军。

与此同时，张说也推荐了一个人——殿中侍御史崔日知，他准备将崔日知委任为御史大夫。

两个人事任命报到李隆基那里，张说就像往常一样等待李隆基的批复。

令张说万万没有想到的是，李隆基居然来了一个乱点鸳鸯谱，把两个人事任命正好颠倒了过来：崔日知当左羽林大将军，崔隐甫当御史大夫。

就是这次"乱点鸳鸯谱"，让宇文融的鼻子嗅到了异常的味道，皇帝没有按照惯例批准宰相的人事任命，这说明张说要完了！

政治，就是高级别的人与人斗争，在这里面，一点风吹草动就可能隐藏着无穷的玄机，李隆基乱点鸳鸯谱便是传递这样的信息，现在宇文融捕捉到了。

宇文融决定再找一个帮手，只要加上这个帮手，张说便在劫难逃。

宇文融的新帮手正是他的新上司，御史大夫崔隐甫。

仕途走到崔隐甫这个程度，在朝中是不可能没有几个朋友的，张说之前的所作所为，崔隐甫了如指掌，现在他也恨上了张说。当宇文融找上门时，崔隐甫知道自己报复的机会来了，他与宇文融又是一拍即合。

开元十四年四月四日（瞧这倒霉日子），张说的苦日子来了。

在这一天，御史大夫崔隐甫、御史中丞宇文融、御史中丞李林甫向李隆基奏报：

张说结交巫师，占卜星座，包庇下属，生活奢华，超出标准，收受贿赂。

不打则已，一击致命，宇文融裹挟着整个御史台出手，就是要将张说打落马下，不得翻身。

接到奏报，李隆基下令成立张说专案组，专案组成员有侍中源乾曜、刑部尚书韦抗、大理少卿明珪、御史大夫崔隐甫，专案组规格之高，史无前例。与此同时，李隆基下令金吾卫士兵包围张说的宅第，在案件没有落实清楚之前，张说的宅第一直实行军事管制。

到了这个地步，张说的宰相算是当到头了，能不能从这个案件中脱身，得看他的运气。

张说能脱身吗？很难。

只需要看看专案组成员，就知道等待张说的是什么。

源乾曜因为泰山封禅，对张说抱有成见；

崔隐甫因为人事任命，对张说怀恨在心。

专案组四位成员，两位与张说有恩怨，这还不算宇文融和李林甫。

值得一提的是，宇文融和源乾曜的关系还非同一般，当年一手提拔宇文融的京兆尹正是源乾曜。

现在源乾曜与张说有矛盾，源乾曜的老下属宇文融也跟张说有矛盾，这两个人会对张说善罢甘休吗？

形势对张说十分不利。

这时，一个人出现在朝堂之上，此人名叫张光，身份是太子左庶子。

张光一手拿着刀，一手拽着自己的耳朵，手起刀落，将自己的耳朵割了下来，然后大声说道："臣以自己的耳朵做证，张说冤枉！"

李隆基被张光镇住了，他想不到这个人会用这种方式为张说做证，不由得感叹一句："到底是兄弟情深。"

原来，张光另外一个身份是张说的亲哥哥。

被张光感动的李隆基随后叫过高力士，让他去监狱看看张说。

高力士奉命来到了监狱，看到了落难的张说，昨天还高高在上的宰相，今天就成了蓬头垢面的阶下囚。

回到宫中，高力士对李隆基说："张说蓬头垢面坐在草席上，吃的是家人用瓦罐送的粗米和蔬菜，惶恐不已，等待惩罚。"

李隆基一听，心顿时软了，他只是想给张说一个教训，何至于到如此程度。

看着李隆基的脸色，高力士试探着说道："张说往日尽职尽责，对国家也有功劳。"

皇帝就是这样，等着下边的人把他想说的话说出来，然后他再装模作样地批准，以示恩宠。李隆基同样如此，经高力士一说，便决定赦免张说。不过宰相已经做不成了，从此只能当一个位高权轻的闲人了，跟他的前任姚崇、宋璟一样。

回过头再来说张说的这次被弹劾，其实幕后的黑手还是李隆基。

自开元九年重新拜相以来，张说的权势有抬头的趋势，在一段时间内，李隆基还能容忍，而在泰山封禅之后，张说的权势达到了顶点，李隆基的容忍也到了极限。

熟知历史的李隆基自然知道皇权和相权的斗争，也知道相权过大的危害，他更知道，祖母武则天就是被以张柬之为首的宰相逼宫的，而当年姑姑太平公主也是拉拢窦怀贞、崔湜等宰相跟自己作对。因此李隆基为宰相的权势设定了

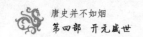

一个范围，在这个范围之内，他可以容忍，超出这个范围，他就会干预，张说正是在崔隐甫的问题上突破李隆基的极限，最终导致了自己的下台。

由此可见，皇帝和宰相的关系就是耍猴人和猴的关系，只要猴在圈内，耍猴人可以给猴笑脸，一旦出圈，笑脸就变成鞭子。

张说余生

总体来说，开元年间的政治环境还是相对宽松，姚崇、宋璟、张说这些从高位跌落的宰相晚景都算不错，尽管权力没了，但皇帝的恩宠还在，国事顾问的待遇也非常不错。

不像明清时期的落马宰相，很多人不仅晚景凄凉，而且连家族都无法保全。

这就涉及一个皇帝的胸怀，有胸怀的皇帝一般都会给落马宰相留有余地，皇帝要结束的是宰相的政治生命，而不是自然生命，开元年间的李隆基便是如此；明朝的朱元璋等皇帝却完全相反，一旦自己与宰相斗争处于下风，就祭出最后的法宝——满门抄斩，这就是流氓行径了，不按套路出牌。

政治斗争就应限制在政治层面，而不能诉诸暴力和武力。

在相对宽松的政治环境下，张说的余生比较幸福，还为唐朝的八卦事业作出了巨大贡献，有两则唐朝趣闻就是经过张说广泛传播。

趣闻一

长安有个富豪叫郭行先，郭行先有个女儿叫郭绍兰，郭绍兰嫁给了富商任宗。任宗外出到湘江一带经商，数年不归，音信全无。

一天，郭绍兰看见堂前有两只燕子在梁上嬉戏，便对着燕子说："我听说燕子是从海东面来的，来回时必然经过湘江一带。我的丈夫多年不归，音信全无，是死是活都不知道。我多想把信绑在你们的腿上，去送给我的丈夫。"

说完，郭绍兰泪如雨下，这时两只燕子上下翻飞，鸣叫不已，似乎答应了郭绍兰的请求。

郭绍兰问："如果你们答应，就往我的怀里飞。"

燕子随即落到了她的膝盖上。

郭绍兰遂赋诗一首：

我婿去重湖，临窗泣血书。殷勤凭燕翼，寄与薄情夫。

随后，郭绍兰便以小字把诗写在小字条上，系在燕子的腿上，一切完备之后，燕子鸣叫着飞走了。

任宗当时已经到了荆州，一天他突然看到一只燕子在头上飞鸣，正在他惊讶之际，燕子落到了他的肩上，这时任宗发现了燕子腿上绑着的小字条。

解开一看，正是妻子所寄的诗。

任宗顿时哭了，在他哭泣之际，燕子鸣叫着飞走了。

过了一年，任宗终于回到了长安，他向妻子展示了那封信。

后来，这件事被张说知道了，并广为传播，有好事者便诉诸笔墨，千古流传。

趣闻二

长安城中有个富豪叫杨崇义，祖上几代都是富豪，家里的华服器玩甚至超过了王公大臣。然而就是这么个大富豪，居然被戴了绿帽子，他的妻子刘氏颇有姿色，但不守妇道，与邻居男子李弇私通，感情迅速升温。

为了把露水夫妻做成长久夫妻，他们决定向杨崇义下毒手。

正巧，有一天，杨崇义喝醉了，倒在卧室里，刘氏便跟李弇一起杀死了杨崇义，然后把尸体扔进了枯井。他们做得神不知鬼不觉，奴仆和小妾都没有察觉，见证这一切的只有堂前架子上的一只鹦鹉。

为了掩人耳目，刘氏虚张声势派仆人四处寻找杨崇义，还向官府报案：丈夫彻夜不归，恐怕已经遭人毒手。

长安府官吏立刻行动了起来，前后排查了数百人都没有发现线索。

后来县官又到杨崇义家寻找线索，这时只听一声：冤枉！

县官抬头一看，说话的是鹦鹉。

县官把鹦鹉取下放在自己的胳膊上问道："有何冤情啊?"

鹦鹉说："杀家主者，刘氏、李弇也。"（鹦鹉还懂文言文。）

踏破铁鞋无觅处，得来全不费工夫。

县官立即命人将奸夫淫妇拿下，一番审问，鹦鹉所言不虚。

长安府尹将这个案件奏报给李隆基，李隆基也惊叹不已。

奸夫淫妇最终被正法，而鹦鹉则被封为"绿衣使者"，李隆基特别恩准，放在后宫喂养，从此"绿衣使者"就不是一般的鸟，而是国鸟了。

张说知道了这件事，便用他的如椽大笔写了一篇《绿衣使者传》，好事者广为传阅。

值得一提的是，绿衣使者从此成了固定成语，特指鹦鹉，到近代又被赋予新的意义，特指邮递员。

关于张说的八卦到此为止，该到张说说再见的时候了。

开元十八年，张说病逝，享年六十三岁。在他身后，李隆基追赠他为太师。

然而到了给张说定谥号的时候，朝中却发生了分歧，太常寺给张说定的谥号为"文贞"，很多官员表示反对，他们认为张说配不上这个谥号。

关键时刻，还是李隆基一锤定音，他亲自在张说的神道碑上落笔：文贞。

从此，张说就与"文贞"为伍。

张说去世之后，李隆基对张说的三个儿子比较照顾，张说次子张垍还娶了李隆基的女儿，成为当朝驸马，张说长子张均做到了刑部尚书，哥儿俩一度很红。

然而，就是这么两个根正苗红的官二代，到"安史之乱"时却投到了安禄山的怀抱。

如此一来，结局就可以想象了，曾经很红的哥俩，最后都很惨：

张均流放到合浦，一去不归；

张垍死于安禄山的乱军之中。

第八章　第一家庭

到张说罢相，李隆基的统治已经走到了开元十四年，在这十四年里，外廷很精彩，后宫同样精彩。

李隆基的后宫包括两类关系，一类是兄弟关系，一类是夫妻关系。在兄弟关系上李隆基创造了奇迹，在夫妻关系上，他却没能免俗，尽落俗套。

兄友弟恭

兄友弟恭，一直为社会所提倡，意思是兄长对弟弟友爱，弟弟对兄长尊敬，如此一来便是一家人其乐融融，和谐共处。

对于普通人家而言，兄友弟恭可以实现，但也有难度，毕竟每个人都有自己的利益考虑，而对于皇家而言，这个目标近乎白日做梦。

只要翻看中国的大历史，皇族兄弟之间的争斗就从未停止，从未消失。

不过到了李隆基这里，似乎发生了一个奇迹，从他登上太子之位开始，兄友弟恭就在他们兄弟之间延续，一直延续到最后一个兄弟离世，时间跨度，长达三十年。

一个人做一件好事不难，难的是做一辈子好事；

一个皇帝做一时的兄友弟恭不难，难的是做一辈子。

李世民没有做到，兄友弟恭对他而言是一个悖论：要皇位就不能要兄弟，要兄弟就不能要皇位；雍正皇帝也没有做到，却在相反的道路上做到了极致，他的弟弟被他扣上了"阿其那""塞思黑"的帽子，那是"猪"和"狗"的意思。

他们两人如果碰到李隆基，估计不好意思跟他打招呼。

李隆基的兄友弟恭，从一床大被开始。

睿宗李旦登基之后，李隆基成为太子，然而他的太子之位并不稳固，姑姑太平公主时不时有将他扳倒的念头。

太平公主一方面要把李隆基扳倒，一方面想把李成器扶上太子之位，她的上蹿下跳，让李隆基坐立不安，惶惶终日。

李隆基知道，如果哥哥李成器想要跟自己争，自己就会非常被动，一是他可能得到太平公主的支持，二是他的身份是嫡长子，逼人的高贵血统就让李隆基抬不起头。

当务之急，就是稳住李成器的心，让他不与自己争。

李隆基决定以情动人，他相信只要拿出这两件法宝，别人便无法抵御。

他的法宝是很简单，一床大被，一个长枕。

大被，足够五个成年人盖的大被。

长枕，足够五个成年人枕的长枕。

李隆基说："这是我为我们兄弟五人准备的，无论什么时候，我们兄弟都跟小时候一样，可以盖一床被子，枕一个枕头。"

食则同桌，寝则同床，刘备关羽张飞创造了兄弟三人同睡的纪录，现在李隆基要在这个基础上升级，由三升级到五。

李旦闻言，欣慰不已，身为父亲期待的不正是如此吗？

太子果然仁孝，这样的太子对兄弟一定没有错。

由此，李旦认准了李隆基，自问不及李隆基的李成器也放弃了争储的念头，转而站到了李隆基身后，他这个嫡长子，愿意在未来的日子里当李隆基的臣子。

兄友弟恭，从这个时候定下了基调。

时间走到开元二年，李成器率领三个弟弟给李隆基上了一道奏疏：

当年的五王宅所在地是龙兴之地，恳请将那里改成皇上的离宫。

"五王宅"位于长安的隆庆坊，李隆基和四位兄弟曾经在那里居住，李隆基登基之后，"隆庆坊"就不能叫了，改叫"兴庆坊"。李隆基进宫居住后，李成器等四人还在那里居住，现在他们愿意贡献出来，给皇帝李隆基当离宫。

看着兄弟们如此有诚意，李隆基接受了，他把这里改造为兴庆宫。在兴庆宫的西南，他建了两座楼，西面的题曰花萼相辉之楼，南面的题曰勤政务本之楼。

仅仅从描述来看，李隆基只是建了两座楼而已，其实不然，这两座楼里饱含着李隆基的良苦用心，尤其是花萼相辉楼。

花萼相辉取自《诗经·小雅·棠棣》：棠棣之华，鄂不韡韡（wěi），凡今之人，莫如兄弟。

意思是说，棠棣树上花朵朵，花萼灼灼放光华。当今世上的人，还是兄弟最亲。

花萼，花的花片总称，花萼相辉，寓意兄弟相互帮衬。

花萼相辉，兄弟同心。

从此，花萼相辉楼和勤政务本楼便登上了历史的舞台，而且在唐诗中占据重要地位，李白、张说、白居易、杜牧、苏颋等著名诗人都在这两座楼上写过诗，这是货真价实的历史第一名楼。

李隆基的离宫建好了，那么李成器兄弟四人搬到哪里去呢？

他们并没有走远，就在兴庆宫的周围，细心的李隆基为他们在兴庆宫四周建造了宅邸，兄弟们的距离依然很近，近到可以听到彼此家里的音乐声。

每次李隆基登楼，就会听到兄弟们家里的奏乐声，每一次李隆基的心情都很好，他要么把兄弟几个都召集到花萼相辉楼上，要么就亲自下楼到兄弟家里凑热闹，一起听乐曲。别的皇帝到兄弟家几年去不了一次，甚至一辈子不去，他不，他去兄弟家抬脚就进，如同自己的宫中。

感情是双向的，李隆基经常到兄弟家串门，兄弟则是每天都到李隆基家串门，他们不需走文武百官走的正门，而是走专用通道：侧门，从这里，李隆基的大门一直向他们敞开着。

上朝大家是君臣，下朝依然是兄弟，从侧门下班的兄弟们回到家便开始娱乐，李隆基也参与其中，身为皇族，他们的娱乐项目很多，奏乐喝酒，击球斗鸡，近郊打猎，别墅游玩，这样的活动每年都不间断。

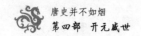

按照常理，感情是有保质期限的，然而在李隆基这里，他和兄弟的友情并没有保质期的限制。

他自认找到了让兄弟之情永远保质的法宝。

在给兄弟们的信中他这样写道：

昔日魏文帝曾经写过一首诗：

> 西山一何高，高处殊无极。
>
> 上有两仙童，不饮亦不食。
>
> 赐我一九药，光耀有五色。
>
> 服药四五日，身轻生羽翼。

朕认为服药求羽翼，哪里赶得上骨肉兄弟的天生羽翼。

骨肉兄弟互为羽翼才是传世神方，今天我就把神方分给兄弟，愿与兄弟同保长龄，永无极限。

皇帝推心置腹到这个程度，兄弟自然忙不迭地回应，兄弟，好说，好说！

兄友弟恭便这样在李隆基的兄弟中延续，但同样也有过两次危机。

第一次危机，因岐王李范而起。

岐王李范原名李隆范，李隆基登基后，岐王就把"隆"字收藏了，改叫李范。

李范在唐朝文化中也是有相当地位的，杜甫诗中"岐王宅里寻常见"的岐王指的就是他，他不仅是一名亲王，而且还是一个文化名流，喜欢结交朋友的文化名流，诗圣杜甫至少在他的府上蹭过好几顿饭。

李范出事，恰恰就出在喜欢结交朋友上。

李隆基规定：诸王不准与官员结交。李范知道这条规定，只是一不小心触犯了。

光禄少卿、驸马都尉裴虚己是李范的一个朋友，两人经常一起喝酒，如果仅仅是喝酒也就罢了，两人偶尔还讨论过神秘预言，这一偶尔就出了岔子。

李隆基对兄弟好，但不代表他不监视兄弟。

很快，裴虚己和李范的结交就被举报了，事闹大了。

裴虚己最惨，人官两空。人没了，李隆基勒令他跟公主离婚，从此之后不再是驸马；官没了，免职，流放新州（今广东省新兴县）。

李隆基以为裴虚己是第一个，也是最后一个，没想到，后面还有。

万年县尉刘庭琦、太祝（祭祀官）张谔很快顶了上来，他们数次跟李范喝酒，而且赋诗。如果两人跟杜甫一样是白丁，这样的聚会李隆基不会过问，只可惜两人都有官职在身，都是在编的官员，尽管都是正九品的股级干部，可股级干部也是干部。

不久，刘庭琦和张谔就不能陪李范喝酒了，他们全都被贬出了长安，再想跟李范喝酒，就不知何年何月了。

一番贬黜之后，李范却安然无恙，李隆基的亲信有些不解，陪酒的人都处理了，组织饭局的岐王呢？

李隆基一席话打消了众人的疑问：我们兄弟本来就是亲密无间的，只是有些想攀龙附凤的人在我们之间掺和而已。朕一辈子都不会因此责问兄弟，永远！

仅仅是说说而已吧？

还真不是，李隆基说到做到。

在岐王李范事件后，薛王李业家里又引起了一场危机。

犯事的是薛王妃的弟弟内直郎（东宫掌印官）韦宾。

当时李隆基突然抱病，病情不明，韦宾就与殿中监皇甫恂谈论起李隆基的病情，这一下捅了娄子。

皇帝的病情在封建王朝是不能随便谈论的，因为皇帝的身体健康与否直接关系到皇位的更迭，谈论病情被视为关注皇位更迭，这就是"图谋不轨"。

很快，这次谈论就被告发了，韦宾完了。

经过裁决，韦宾被乱棍打死，皇甫恂被贬为锦州刺史，再让你们不谈天气谈病情。

韦宾死后，薛王李业和王妃恐惧到了极点，这种事情向来可大可小，大可以株连，小可以略过不提。李业不知道皇帝李隆基会偏向哪一边，只能跟妻子一起主动找李隆基请罪。

当李业和王妃跪在李隆基面前时，李隆基腾地站了起来，疾步走下台阶拉住李业的手说："朕若有猜忌兄弟的心，就让天地降祸于我！"

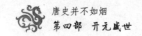

太有诚意了，连毒誓都敢发。

扶起李业和王妃后，李隆基当场摆宴，为李业夫妇压惊，同时告诉薛王妃，过去的事就过去了，你依旧是薛王妃。

两次危机便这样有惊无险地度过，李隆基提倡的兄友弟恭依然在延续，这是一个强者的胸怀，也是自信的胸怀。

一个皇帝如果有自信，就不需要让兄弟肉身消失，毕竟仁慈是每个皇帝都想要的标签；

一个皇帝如果没有自信，就只能祭出"肉身消失"的无赖法宝，因为他已经没有招了，只剩这最后一招。

无疑，在兄友弟恭方面，李隆基说到做到，同时由于他的"兄友弟恭"也为中国历史培养了四个货真价实的贵族，在中国的贵族史上，李隆基作出了不可磨灭的贡献。

四个贵族

贵族一般都是有钱的，那么有钱就是贵族吗？

不然。

有钱是贵族的必要条件，但不是充分条件。

自以为自己有钱就是贵族的，一般只是暴发户。

估计很多人会对这个结论不服气，在看过李成器兄弟四人后，服不服气，再说。

宁王李成器，李旦嫡长子，后来为了避李隆基生母昭成皇后的名讳，李成器改名了，改名李宪。

唐隆政变之后，李宪让出太子之位后，便把注意力转移了，自然生命虽然没有结束，但他在内心中已经宣告了政治生命的结束。从此，他跟李隆基的万语千言，从来不跟政治沾边，这也是让李隆基服气的地方之一。

不问政治的李宪问什么呢？

他问花草，问娱乐。

每年春天，李宪就会让人找出红丝，然后把红丝做成绳，在绳上密密麻麻地系上金铃，然后把缀满金铃的红绳系于花梢之上。

如此设置做什么用呢？

保护花朵，防范鸟雀。

每逢鸟雀飞入宁王府想接近花草时，李宪就会命令管花园的小吏拉动红绳，顷刻间宁王府里铃儿响叮当，受到惊吓的鸟雀顿时作鸟兽散，从而无法对宁王的花构成威胁。

如此文雅的驱鸟方法很快得到了推广，京城的贵族们纷纷效仿，纷纷称赞这个办法好，既有效，又文雅，而且不像稻草人那么没有情趣。

文雅驱鸟只是李宪生活中的一斑，他的情趣还多着呢。

有人曾经给他送过一件神奇的东西——百炬烛，这东西说它是蜡吧，显得有些腻，说它是脂吧，又显得有些硬，不知究竟是何种材料制成。这还不是最神奇的地方，最神奇的是，它还有提醒功能。每逢夜宴，李宪就用它照明，开始时一切如常，喝到酒酣处，百炬烛便昏暗了起来，好像有什么东西遮挡了一般，然而等到夜宴结束，百炬烛又明亮如初。

合着，这百炬烛还有提醒功能：别再喝了，再喝就大了。

除了百炬烛，宁王还有宝贝——灯婢。

宁王每晚睡觉时，帐前都会罗列几个矮婢，矮婢身上饰以彩绘，手中提着华灯，通宵达旦，一夜无眠。

睡个觉还要几个矮婢陪着，还通宵达旦，难道矮婢不需睡觉？

矮婢还真不睡觉，因为是木雕做的。

除此之外，宁王还有宝贝——宠姐。

宁王府中有一名歌妓叫宠姐，姿色上乘，歌喉上品，每次宁王宴请外客时，其他歌妓全部现身，唯独宠姐不见人影，也不闻歌声，因为宁王不舍得与别人分享。

只闻其名，不见其人，宠姐在长安的名气越来越大，越来越多的人想一睹她的芳容，然而都未能如愿。

许久之后，宁王府中来了一批客人，酒至半酣后，其中一位客人借着酒劲说道："久闻大王有个叫宠姐的歌女歌喉上品，今天酒足饭饱，诸位兴致正高，大王难道还不舍得让她公开亮相吗？"

宁王一看，说话的人名气不小，诗人李白。

好吧，就给你李白一个面子，不，半个面子。

宁王笑着对左右说道："先把七宝花障摆上！"

花障摆上之后，宠姐于障后放歌，歌喉一展，沁人心脾，在场人的耳朵顿时有如重生一般：以前都白活了！

一曲过后，李白站了起来，对着花障后宠姐说道："虽不许见面，闻其声亦幸矣。"

写到这，很多人或许会问，怎么全是宁王李宪的琐事，没有正事？

事实上，从李隆基当太子之后，李宪就没有正事了，也不能有正事，也不会有正事，李隆基兄友弟恭的前提便是，他主管国事，而其他兄弟无所事事。

无所事事，便是宁王一生的正事。

开元二十九冬，长安大寒，凝霜封树，蔚为壮观。当时的学者套用《春秋》的说法，认为此即为《春秋》里所说的"雨木冰"，从这个描述来看，可能是现在东北冬季经常出现的"雾凇"。

这一年，宁王李宪已经病重了，看到这个奇观后一声叹息："这就是俗话说的树嫁。谚语说，树嫁，达官怕。今年必然有大臣应对这个谚语，我命不久矣。"

当年十一月，宁王李宪病逝，享年六十三岁！

宁王去世后，李隆基哀号失声，左右也掩面而泣，哭泣过后，李隆基追谥李宪为"让皇帝"。按照谥法，推功尚善为"让"，德性宽柔为"让"，这个追谥，是酬庸宁王一生对李隆基的谦让。

货真价实，名至实归。

说完宁王，再来说申王，这也是一个货真价实的贵族。

申王李扬（huī），原名李成义，跟宁王李宪一样，也是因为避李隆基生母昭成皇后的名讳，而改成了这个名字。

申王的母亲地位比较低，只是掖庭的宫女，因为这个缘故，申王刚出生时还有一番波折。

由于申王母亲地位低，该不该把申王当成正常的王子来抚养，武则天有些犹豫，犹豫不决时便让人把申王抱给一位西域高僧，让高僧给申王看看面相。

西域高僧一看，说道："此乃西域大树之精，养之有益兄弟！"

意思是说，申王是西域树精转世，将他抚养，对兄弟有利。

武则天闻言大喜，便决定把申王当成正常的王子来抚养，后来的事实证明，申王的存在确实对兄弟（李隆基）有益，莫非他真是西域的树精转世？

树精转世可能只是一个说辞，可能西域高僧有好生之德，随口一说，不必当真。

同宁王一样，申王一生最大的正事也是无所事事，只是给我国的贵族历史增添了一些素材。

前面说过宁王府里有"灯婢"，现在来说申王府里的"烛奴"。

每次申王与诸王聚会时，申王府里就会有一道亮丽的风景：

身着绿衣袍的童子侍立宴席之侧，手执用龙檀木雕刻的烛台，烛台上面是造型精致的画烛。

宁王用木雕做的"灯婢"，申王用活灵灵的"烛奴"，两相对比，似乎申王更奢侈。

申王奢侈的地方还有很多，一叫"醉舆"，一叫"妓围"。

每逢申王喝醉时，宫女就会抬着他专用的小车来到他身边，申王的专用小车是用锦彩结的，其实就是锦彩做的一个兜子。

不省人事的申王随后会被放在这个兜子上，然后由宫女抬着一直送回自己的寝室，这个兜子的使用频率很高，因此申王将这个兜子命名为"醉舆"。

"醉舆"看起来有点奢侈，不过跟申王的御寒方法相比，还差得远。

申王生活的年代还没有暖气，冬天非常冷，除了火炉之外，申王还有自己的独特御寒法宝，每到冬月有风雪苦寒之际，申王就会让府里的妓女坐在他的身边，把他团团围住，他把这个方法称为"妓围"。

用人挡风御寒，申王不是唯一的一位，在他之后，还有一个人用人挡风御寒，这个人叫杨国忠。

每年冬天，杨国忠出行都是一道独特的风景，别人出行前面是雄赳赳的武士，他的身前则是一群身材肥大的婢女，开始时别人还以为是他找的女保镖，后来才知道，原来是他用来挡风御寒的，他自己把这称为"肉阵"。

"妓围"和"肉阵"到底谁侵犯谁的版权就说不清了，不过相比而言，"妓围"透着文雅，"肉阵"则免不了粗鄙。

开元十二年，一生无所事事的申王李㧑走完了自己的人生路，在他人生的最后时刻，唯一的遗憾便是没有自己的亲生儿子。

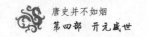

人生不得意十有八九，终难十全。

申王逝后，李隆基追谥为惠庄太子，同他的两个弟弟一样，他们身后都是太子的待遇。

申王之后便是岐王李范，他为李隆基的皇帝事业立下了汗马功劳，然而李隆基登基之后，他也得靠边站，同另外两个哥哥一样，不问政治，无所事事。

幸好，他有很多爱好，这些爱好充实了他的人生。

李范非常好学，而且写得一手好字，同时有极高的鉴赏能力，一度他家的字画都是当世的极品。

这些字画的来历有些传奇。

张易之当红时，盯上了宫中的一批珍贵字画，于是找了一批做假画高手，一番偷梁换柱，便把宫中的这批字画运回了家中。张易之倒台之后，这批字画落到了初唐四大书法家之一薛稷手中，没想到好景不长，薛稷因为站错了队被李隆基赐死，这批字画便又换了主人，新主人便是岐王李范。

或许这批字画只应天上有，人间消受不起，不久，一场意外火灾把这批字画化为灰烬，从此与世人无缘。

除去字画，岐王还有很多爱好，每个爱好，都透着贵族的范儿，而且比宁王、申王还有范儿。

申王用"妓围"御寒已经有些奢侈，且看岐王如何暖手。

每到冬寒手冷时，岐王并不急于找火炉，他有自己的独特法宝：

他把手伸进妙龄少女的怀中取暖，一天只暖一次，一次暖一天。

暖累了，岐王还会找出自己的玉鞍，这面玉鞍很神奇，无论天气多么寒冷，坐上去，就如同坐在温火之上。

夜深了，岐王李范听到院子里玉片相碰的声音，他知道，今夜又起风了。

原来，他在院子里的竹林里悬挂了很多碎玉片子，每次听到玉片相碰的声音，他就知道：起风了。这些玉片被他称为"占风铎"。

除了"占风铎"，岐王宅中还有一样东西可以判断风向，这个东西叫"相风旌"。

在岐王宅的庭院里，竖有一根长杆，长杆上挂有五色旌旗，旌旗的四周点缀着小金铃，每次听到铃铛响，岐王就会安排侍从去看看旌旗飘动的方向，一看旌旗飘动的风向，便知道此时此刻刮的是什么风。

值得一提的是，"相风旌"并非岐王独有，他的兄弟家里都有这套装备。

开元十四年，岐王李范走完了自己的人生路，他的三哥李隆基追谥他为惠文太子。

相比于宁王、申王、岐王，范王李业的风流要少一些，情义却要多一些。

李业的母亲和姨妈都是李旦的妃子，不幸的是，李业的母亲去世很早，李业的姨妈便担负起抚养李业的重担。

李业从小就计划着报答姨妈，长大后他做到了。

开元八年，李业将姨妈接到自己的府中，以母亲之礼终生服侍。

与此同时，李业还把自己的爱心撒到了外甥身上，与他一母所出的淮阳、凉国两位公主早逝，李业便把外甥们接到自己的家中，他对外甥们的宠爱，超过自己的亲生儿子。

正因为李业充满爱心，李隆基对这个弟弟非常疼爱，一度李业患病，李隆基亲自为他祈福。

或许是李隆基的祈福起了作用，李业慢慢地康复了。

李隆基闻讯，立刻驾临李业家中，置酒摆宴，为他庆贺重生。

宴席上，李隆基即兴赋诗一首：

> 昔见漳滨卧，言将人事违。
>
> 今逢诞庆日，犹谓学仙归。
>
> 棠棣花重满，鸰原鸟再飞。
>
> 德比代云布，心如晋水清。

开元二十二年正月，李业走完了自己有情有义的一生，在他的身后，李隆基追谥为惠宣太子。

四个兄弟，四个贵族，一个皇帝、三个太子，他们四人与李隆基一起上演了兄友弟恭的传奇。当然，兄友弟恭的背后是无言的默契，每个人都自动各就各位，演好自己的角色，不漏戏，更不抢戏。

对于四位兄弟而言，人生也是有遗憾的，明明年富力强，却只能无所事事，明明能力出众，却只能断了从政的念想。或许对飞鸟而言，最大的失落便是，明明天空就在眼前，而你却无法展开你的翅膀，勇敢去飞。

无奈，自古以来，偌大的龙椅上，只能坐一个人！

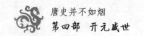

结发夫妻

排行老三的李隆基在兄弟之间创造了"兄友弟恭"的传奇，然而在夫妻关系上，李隆基没能创造奇迹，相反，他落入了与爷爷李治一样的俗套。

更加巧合的是，他们的原配皇后都姓王。

李治的王皇后出自太原王氏，李隆基的王皇后则是同州下邽（今陕西省渭南市）人，跟后来的大诗人白居易算是不同时代的同乡。

王皇后的祖上并非泛泛之辈，她的祖上是南梁的知名官员王神念，而王神念的次子则是南梁名将王僧辩。王僧辩一度在南梁风生水起，呼风唤雨，只是一不小心低估了阴谋家陈霸先，结果遭了陈霸先的毒手，陈霸先进而建立了陈国，王僧辩则只能在异度空间暗自叹息。

不过王僧辩的后人还有出类拔萃的，这个人就是王珪，当过太子李建成的老师，后来还当过魏王李泰的老师，在初唐政治上有他的一席之地。

这些人都是王皇后祖上的名人，而他们这一支王氏也与太原王氏有着千丝万缕的联系，只是因为谱系过于庞杂，因而一般就相对简单地认定王皇后是同州下邽人。

王皇后一家到了她父亲这一辈已经相对平庸，她的父亲王仁皎在李隆基登基之前只是做到了果毅都尉，果毅都尉属于武官序列，是州里管理府兵的副职领导。按照州人口的多少不同，果毅都尉的级别在从六品到从五品不等，相当于现在的副处到副局之间。

或许正是因为王仁皎的武官身份，王皇后从小便具备了胆大心细能做大事的素质，这个优秀素质伴随她的一生。

长大成人后，王皇后便嫁给了李隆基，由于历史资料不详，我们不知道她是何年何月多大年纪嫁给李隆基，我们只知道，王皇后嫁给李隆基时，李隆基还只是临淄郡王，丝毫看不出有飞黄腾达的迹象。

然而，随着时间的推移，李隆基渐渐由不起眼的临淄郡王走上前台，而在他走上前台的过程中，王皇后始终坚定地站在他的身后。

一个失败的男人背后往往站着一群失败的女人，一个成功的男人背后则往往站着一个成功的女人，王皇后就是站在李隆基背后的那个成功女人。

从李隆基起兵诛杀韦后，到李隆基起兵铲除太平公主一党，每一次，王皇后都坚定地支持李隆基，她不仅仅口头支持，还全程参与策划，这一点与长孙皇后如出一辙。

同样如出一辙的是，她们的丈夫都成功了，她们也因此成为母仪天下的皇后。

公元712年八月九日，王皇后的幸运日，这一天李隆基正式册封她为皇后，这是对于她前期策划的回报；公元713年七月四日，王皇后的又一个幸运日，这一天李隆基将真正的大唐皇权收入怀中，而王皇后也就此成为货真价实、不打折扣的大唐皇后。

如果时光能在这一天定格该有多好！

危机四伏

时光最终没能定格，王皇后和李隆基携手走进了属于他俩的新时代。

步入新时代的同时，王皇后的心里升起了一丝隐忧，这个隐忧已经困扰了她数年。

结婚多年，膝下无子。

她与李治的王皇后遭遇了同样的难题：不孕不育。

从嫁给李隆基开始，王皇后便梦想有一个儿子，然而努力了多年，她的肚子依然平平，不见声响。

生孩子这种事情是世间上最玄妙的事情，有的人望眼欲穿却不见人来，有的人无欲无求却无心插柳。王皇后恰恰属于望眼欲穿不见人来的那一拨，不经意中，她陷入了婚后无子的尴尬之中。

如果是普通夫妻，要做的就是调整心态、调理身体，留得青山在不愁没柴烧，只要齐心协力就有可能开花结果，如果实在是土地绝收，那也只能认命。

然而，偏偏李隆基和王皇后不是普通夫妻，王皇后只有李隆基一个丈夫，李隆基却不只王皇后一个妻子。

没有硝烟的战争悄悄打响。

在王皇后颗粒无收的同时，李隆基名下的子女却在迅速增加，长子李琮、次子李瑛陆续出生，每一声落地婴儿的啼哭都是向王皇后拉起的警报，王皇后

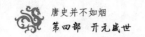

便在这一声声警报中度日。

落地的婴儿日复一日地长大，册立太子提上了议事日程。

按照常理，太子应该是皇后的儿子，然而王皇后至今生育纪录为零，太子由皇后所出在现有情况下是不可能的。

那么只能在其他嫔妃生的孩子中挑选。

李隆基在现有的孩子中逡巡了一番，然后将目光锁定在次子李瑛身上。

在中国的大历史中，我们见得多的是"母以子贵"，而这一次是"子以母贵"，因为李瑛的母亲赵丽妃此时正受着李隆基的恩宠。

赵丽妃受恩宠始于公元 708 年，那一年李隆基二十三岁。

时年二十三岁的李隆基被任命为潞州别驾，在潞州别驾任上，李隆基认识了赵丽妃。

那时的赵丽妃还只是赵小姐，刚刚跟随父亲从崤山以东来到潞州，想凭借父女俩的才能在潞州混口饭吃：赵丽妃的父亲是一个乐人，赵丽妃本人则能歌善舞。

眼见这父女俩擅长乐曲、能歌善舞，富商张暐动了心思，便把父女俩留在了自己的府中。

不久，张暐府中来了贵客，潞州别驾李隆基。

张暐知道，该是起用赵丽妃的时候了。

果不出张暐预料，年轻貌美、能歌善舞的赵丽妃一下子就打动了李隆基的心。

从此之后，识趣的张暐便频频给李隆基和赵丽妃提供幽会的机会，幽会的地方很方便，就在他的府中。

一来二去，幽会的结果出来了，李瑛呱呱坠地，是为李隆基的第二个儿子。

到开元三年十二月十二日，李瑛七岁，李隆基将他扶上了太子之位。

王皇后尴尬了，尴尬的同时也有点紧张。

尴尬和紧张过后，王皇后又释然了，因为经过对比，她发现了自己的优势所在：

自己的父亲是果毅都尉，自己是李隆基的原配，而且在李隆基起兵时全程参与策划；

赵丽妃歌女出身，她的父亲只是一个乐人，而且她是后来的，只不过因为年轻貌美能歌善舞得宠而已。

两相对比，王皇后淡定了许多，她相信自己在李隆基的心目中还是有着不可替代的地位。既然如此，还是一切放轻松吧！

心理安慰持续了一段时间，然而随着另外一个妃子的走红，王皇后的内心失火了，火急火燎。

走红的妃子是武惠妃，来自女皇武则天娘家一脉。

武惠妃的父亲叫武攸止，是武则天的堂侄，在武周时期被封为恒安王。

武攸止去世比较早，在他去世后，武则天便把幼小的武惠妃安置在宫中抚养，后来虽然武则天被逼宫，武惠妃还是一直留在宫中，一直留到了李隆基登基，一直留到了李隆基不顾一切地爱上她。

按照常理，李隆基和武惠妃是不能相爱的，因为他们两家有不共戴天之仇，武惠妃所在的武家一度将李家的王朝腰斩，如果不是狄仁杰等老臣从中策应，被腰斩的李唐王朝能否恢复还是个未知数。

就是这样的世仇，也没能阻挡李隆基对武惠妃的喜爱，他们如同港台电视剧的男女主角一样，不管上两代有多深的恩怨，都不能阻止他们不可救药地相爱。

自此，武惠妃冉冉升起，其他妃子黯淡无光，包括曾经受尽恩宠的赵丽妃。

武惠妃的恩宠一直延续，她与李隆基也在不断地开花结果，可能是郎才女貌的缘故，武惠妃为李隆基前后生下了两个儿子，一个女儿，这三个孩子一个赛一个地俊秀可爱，让李隆基喜欢得欲罢不能。

然而，或许是上天都忌妒了，这三个孩子一个也没有存活下来，无一例外，在襁褓中就夭折了。

李隆基和武惠妃紧张了起来，莫非我们两个就不能有孩子？

两人的紧张一直延续到第四个孩子诞生，他们的第四个孩子是个男孩。

当这个男孩呱呱坠地时，李隆基决定，这个孩子不再在宫中抚养，而是放到宫外养育，或许只有那样，这个孩子才能存活下来。

孩子被送到了宫外，托付给了李隆基最信得过的人——宁王李宪。

李宪不敢怠慢，他知道这个孩子在李隆基心目中的分量，便和自己的王妃

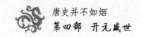
一起接过了这个艰巨任务，宁王妃投入得更直接，她放下了自己同时期出生的儿子，然后亲自为这个孩子哺乳。

孩子便这样挺了过来，在宁王和宁王妃的看护下，他没有像他的哥哥姐姐那样夭折，而是一天天成长，长势喜人。

李隆基给这个长势喜人的孩子起名叫李清，后来又改名叫李瑁。为了让李瑁健康成长，李隆基还特意封李瑁为"寿王"，寓意健康成长，寿比南山。

李瑁渐渐长大成人，然后步入婚姻殿堂，一位年轻貌美的姑娘成为他的寿王妃。

姑娘名叫杨玉环。

方寸大乱

同一片草地，在画家看来是风景，在牛羊看来仅仅是饲料。

同样是李瑁的茁壮成长，在李隆基和武惠妃看来是长势喜人，在王皇后看来便是咄咄逼人。

武惠妃的得宠，王皇后看在眼里，乱在心里，她已经看出这不是一般的得宠，而是普天之下独一无二的得宠，得宠的势头远远超过了之前的赵丽妃。

如果仅仅是得宠也就罢了，更要命的是人家的儿子长势喜人。

两者叠加到一起，王皇后感觉到无尽的压力。

人在压力下总是会有不同的表现，有的人更沉着，有的人却更烦躁，遗憾的是，王皇后属于后者。

渐渐地，她成为一个烦躁、抱怨以及唠叨的女人。

李隆基原本还念及结发夫妻的情面，然而王皇后却经常不给李隆基情面，她的烦躁、抱怨、唠叨让李隆基渐渐失去了耐心，昔日的感情也便随着一次次抱怨无声逝去，王皇后却浑然不觉。

聪明的女人知道如何留住男人的心，愚蠢的女人却经常让男人的心就在自己的身边溜走。

李隆基烦了，他决定走祖父李治的老路：废后。

李隆基找来了秘书监（皇家图书院长）姜皎，让他帮自己找废后的理由。

姜皎是被李隆基重新起用的，一度李隆基将他发送回老家赋闲，后来李隆基念及跟姜皎的感情，便又将他重新起用，而废后这种事，恰好只有姜皎这样的故交可以商量。

找来找去，两人认定了"无子"这个理由，无数的史实证明，这是历代皇帝屡试不爽的法宝。

好，就是它了。

李隆基开始着手启动废后程序，没想到就在这个关键时刻，他最信任的姜皎出问题了。

他居然把他和皇帝两个人的秘密告诉了第三个人。

炸弹提前炸了。

废后的秘密传播开来，姜皎坐蜡了。

很快，一道奏疏递到了李隆基面前，李隆基难堪了。

奏疏的大体内容是这样的：

陛下，秘书监姜皎说您要废黜皇后，我们不相信是真的，一定是姜皎在造谣。

上奏疏的人叫李峤，是李世民二子李泰的孙子，中兴初封嗣濮王。

李峤还有另外一个身份，王皇后的妹夫。

正是这个妹夫身份，推动着李峤上了这道奏疏，毕竟这关系着自己大姨姐的废立。

几乎与李峤上奏疏的同时，王皇后的哥哥王守一也在积极活动。王守一和王皇后是龙凤胎，只不过因为早出生几分钟，就当了王皇后一辈子哥哥。

现在看到妹妹岌岌可危，王守一也行动了起来，他没有上奏疏，而是私下去见了一个人，时任宰相的张嘉贞。

张嘉贞平时跟王守一有些交往，现在王守一求到头上，自然不敢推辞，因此便顺着王守一的意思，把矛头指向了泄密的姜皎。

其实，张嘉贞也有自己的算盘，他算准了李隆基要怪罪姜皎，既然这样，那便顺水推舟，既卖王守一一个面子，也能迎合李隆基的意思。

张嘉贞的算盘打得很精，只是打得太精了。

不久，张嘉贞的奏疏也递到了李隆基手里：秘书监姜皎曾经谈论过神秘预言。

一击中的，姜皎逃无可逃，只能当一只沉默无言的替罪羔羊。

开元十年九月六日，曾经很红的姜皎遭遇了人生最大的麦城，被当廷杖打六十大棍，然后逐出长安，流放钦州。曾经跟他沾光的弟弟姜晦这回也跟着倒霉了，吏部侍郎做不了了，贬出长安出任春州（今广东省阳春市）司马。他的其他亲友，有的被贬，有的被杀，家族的上空，一片漆黑。

姜皎最终没能迈过这次麦城，在去往钦州的路上，四十九岁的姜皎悲愤而死。

如果姜皎还有来生，一定要记住一个真理：

老大的秘密，知道得越少越好！

第一次废后就这样无疾而终，王皇后迎来了难得的喘息机会。

刚喘息一会儿，无边的压力又扑面而来，因为现实没有任何改变，她依然无子，武惠妃依然很红。

严格说来，此时的王皇后是有儿子的，不过不是亲生的，而是认养的。

王皇后认养的儿子不是别人，正是后来登基称帝的唐肃宗李亨。

李亨的生母是杨妃，也是比较受宠的一个妃子，然而在李亨出生之后，也遭遇了与武惠妃一样的难题：孩子不好养。

李隆基找人给李亨相了面，认为如果跟着自己的生母，恐怕不好养活，因此李亨就被从自己的生母身边抱走，转而由王皇后抚养。

膝下无子的王皇后很疼爱李亨，她把他视如己出，关爱有加。

然而，李亨的出现并没有改变王皇后的处境，她依然尴尬，依然生活在武惠妃的咄咄逼人之中。

王皇后几乎败局已定，除非她能创造奇迹，生一个儿子出来。

王皇后的眼红了，她想儿子快想疯了。

当一个女人想儿子快想疯的时候，做事也就不计后果了。

这时，王皇后的哥哥王守一掺和了进来，极其没有智商地掺和进来。

他帮的不是忙，而是倒忙。

王守一给王皇后引荐了一个和尚，和尚的名字叫明悟，据称在治疗不孕不育方面有特异功能。

明悟先给王皇后普及了一下天文常识，教她认识了南斗星和北斗星，叮嘱王皇后一定要按他教授的方法参拜南斗星和北斗星。

接着，明悟又拿出了一块霹雳木，所谓霹雳木就是被雷劈过的木头，据说这样的木头有灵气，有法力。明悟将霹雳木一分为二，在两块木头上分别写上了"天、地、李隆基"，然后郑重地把这两块木头交给了王皇后。

明悟对王皇后说，只要佩戴上这两块木头，同时念我教给你的口诀，你就一定能生儿子，口诀是"后有子，与则天比"。意思是，佩戴这个之后就一定会有儿子，跟武则天一样。

智商正常的人一般不会相信这个口诀，王皇后却信了，因为她想儿子想疯了，智商也就不正常了。

不知不觉中，王皇后已经掉进了陷阱，而这个陷阱却是她和她的双胞胎哥哥一起挖的。

世间的秘密就跟女人怀孕一样，起初时世人罕知，发展到最后，路人皆知。

现在，王皇后的秘密路人皆知。

神仙也保不住她了，她踩了历代皇帝最忌讳的高压线：巫蛊、占卜。

开元十二年七月二十二日，王皇后与李隆基的夫妻缘分到了尽头，皇后做不成了，被贬为庶人，等待她的只有冷宫残月。

双胞胎哥哥王守一也栽了进去，他不但没能帮自己的妹妹，还把妹妹推进了无力自拔的旋涡，而他一生的富贵也到头了，由太子太保被贬为潭州别驾。

潭州会是王守一的终点吗？不会！

他的终点在九泉。

就在去潭州的路上，李隆基派使节追上了王守一，传达了李隆基的进一步指示：赐死。

皇帝就是这样，捧你时可以把你捧上九天，摔你时可以把你摔到儿泉。

王皇后兄妹俩就这样倒了，跟他们一起倒的还有一个原本算盘打得很精的人，张嘉贞。

两年前，张嘉贞一举两得，既卖了王守一面子，又迎合了李隆基，算盘打得噼里啪啦；

两年后，张嘉贞两眼发黑，他被指控与王守一交结，这下户部尚书（他由宰相被贬为幽州刺史，又由幽州刺史做回户部尚书）也做不成了，贬出长

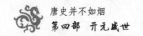

安，出任台州刺史。

投机的代价。

咫尺天涯

被废的王皇后从此进入冷宫残月的岁月，从这时起，她的心已经死了。

一个人如果心都死了，活着也就失去了意义。

三个月后，王皇后郁郁而终。

不知道在生命的最后时刻，王皇后如何评价自己的一生，如果让她重新选择的话，她是宁愿当一辈子平平淡淡的临淄郡王妃，还是愿意当一个大起大落的王皇后呢？

这个问题，或许适合每一个望夫成龙的女人。

在王皇后之后，武惠妃的日子越来越好，恩宠日盛，册立她为皇后也已提到了议事日程。

开元十四年四月，武惠妃迎来了关键时刻：李隆基计划将她册立为皇后。

事有巧合，开元十四年四月还发生了一件大事：张说罢相。

原本两件事并无交集，然而莫名其妙地纠缠到一起，成了一个死结。

李隆基没有想到，立后比废后更费劲，当初废后时压力重重，现在重新立后，压力依然不减。

反对武惠妃立后的呼声很高，御史潘好礼是其中最起劲的。

潘好礼给李隆基上了一道奏疏：

《礼》曰：父母仇，不共天。《春秋》曰：儿子不为父母复仇，就不配当父母的儿子。陛下今天想立武氏为皇后，将如何面对天下百姓？况且武惠妃的堂叔武三思、武承嗣都是扰乱纲常的奸臣，天下人共同厌恶。

平常百姓娶妻还讲究家庭背景，更何况天子。

再者齐桓公曾经说过："不能把妾当作妻。"妾就是妾，妻就是妻，即使妻的位置空缺，妾也不能递补，因为尊卑嫡庶已分。

如今外界都在盛传，册立武惠妃是前任宰相张说的主意，说张说想凭借此功复相，谣传未必可信，但陛下不要给人口实。

更何况如今太子李瑛并非武惠妃亲生，武惠妃还有自己的亲生儿子，一旦武惠妃成为皇后，太子的储位就岌岌可危。

看完奏疏，李隆基长叹一声，本以为将武惠妃送上皇后之位是水到渠成的事，没想到，阻力还是如此之大。看来，武惠妃的家庭背景成了她的负担，一旦立她为后，就很难堵住天下人的悠悠之口。

难啊，难。

思考良久之后，李隆基放弃了将武惠妃立为皇后的想法，不过武惠妃却从此享受起皇后的待遇，一切生活标准全是皇后的级别，在李隆基的后宫中，她是没有皇后头衔的皇后。

换作一般人，到这个时候也便知足了，然而武惠妃的欲望已经被勾起来了，她还不满足，母仪天下是她的梦想，她不想走了九十九步，却卡在最后一步上。

现实是残酷的，她娘家的背景注定她今生与皇后无缘。

武惠妃退而求其次，不再纠缠于皇后的名头，而是将精力转移到自己的儿子李瑁身上。如果能把李瑁扶上太子之位，那么日后的自己不也是名正言顺的太后吗？

为了这个梦想，武惠妃开始努力，这一努力就是十一年。

一度，她几乎接近了成功。

但，咫尺天涯。

第九章 看守内阁

清 廉 宰 相

开元十四年四月，红极一时的张说罢相，宰相之位再次出现空缺。

原本在武惠妃立后的问题上，坊间传闻张说参与其中，然而传闻只是传闻，张说是否真的参与其中，并没有确凿的证据。

武惠妃最终没能当上皇后，传闻想借此复位的张说也没能重返宰相之位，于是两位新宰相登上了前台。

开元十四年四月九日，李隆基任命户部侍郎李元纮为中书侍郎、同中书门下三品，李元纮由此成为宰相；五个月后，李隆基任命安西副大都护、碛西节度使杜暹同中书门下平章事，这样杜暹就成为第三位宰相。

至此，三位宰相各就各位，源乾曜、李元纮、杜暹，这就是新一届的宰相班子。

前面说过姚崇管不好身边的子女，张说喜欢收受贿赂，在个人小节方面，两位著名宰相都有污点，同他们相比，李元纮和杜暹在个人品行方面都是道德模范。

李元纮祖上原本不姓李，而姓丙，到他曾祖那一代，前半生姓丙，后半生姓李。

李元纮的曾祖叫丙粲，隋朝大业年间担任屯卫大将军。大业末年，民变四起，隋炀帝杨广便派丙粲到长安以西地区平叛，丙粲不负使命，将长安以西二十四个郡一一安抚了下来，这时，李渊攻进了长安城。

审时度势之后，丙粲举二十四郡向李渊归顺，李渊大喜过望，便赐丙粲姓李，从此丙粲一脉就不姓丙了，改姓李了。

到李元纮这一代，已经是改姓后的第四代，他们的前三代都在李唐王朝为官，李元纮的父亲还出任过武则天时期的宰相，可见他的能力已经得到武则天的认可。

不过李元纮并没有借父亲的光，他的成绩是靠自己一点一滴积累，积累过程不仅艰难，而且凶险，因为他一直在跟豪门大户斗争。

李元纮的成名之作是一桩轰动一时的民事纠纷案。

公元706年，李元纮担任雍州司户，在雍州司户任上，他遇到了一个难缠的民事纠纷案：太平公主和寺庙争碾硙。

碾硙，即当时的水磨，利用水流作为动力。

因为水磨有利可图，太平公主和寺庙互不相让，官司就打到了雍州府，司户李元纮成为官司的主审。

经过调查，李元纮认定，碾硙为寺庙所有，最终判定寺庙胜诉。

判决完毕，李元纮一脸平静，而他的上司脸都吓白了。

他的上司便是著名的皇后阿爹、公主管家窦怀贞，时任雍州刺史。

看着李元纮如此判决，窦怀贞急了，这种官司你还不会判吗？能判太平公主输吗？

赶紧推翻判决，改判太平公主胜诉。

李元纮听罢，低着头在判决书上写了几个字：

南山（秦岭山脉）或可改移，此判终无摇动。

敢于坚持原则的人值得尊重。

延伸一下，李元纮断案是不是有点中国版的"国王与磨房"的味道呢？

"国王与磨房"在法律界流传很广：

德国前皇威廉第一在位时，有一离宫。离宫之前有磨房，欲登高远览一切景象，为所障碍。

德皇厌之，传语磨房主人曰："此房价值几何，汝自言之，可售之于我。"

孰意磨房主人应之曰："我之房基，无价值可言。"

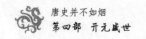
德皇闻之赫然怒，令人将磨房毁去。

磨房主人袖手任其拆毁，从容曰："为帝王者或可为此事，然吾德尚有法律在，此不平事，我必诉之法庭。"

彼竟与德皇构讼。法庭依法判决德皇重将磨房建筑，并赔偿其损失。德皇为法律屈，为人民屈，竟如法庭所判。

事后且与人曰："吾国法官正直如此，我之大错，彼竟有胆识毅然判决之，此吾国至可喜之事也。"

德国的"国王与磨房"的故事一直被广为引用，其实大家都上当了，这个故事是假的，是一个名叫 Johann Peter Hebel 的人在约 1813 年之前创作的故事，并于 1813 年被编入一本故事集。

因此，德国的"国王与磨房"是假的，中国的"公主与碾硙"却是真的。

碾硙判决案之后，李元纮继续自己的仕途，辗转升迁为京兆尹，在京兆尹任上，他又干了一件大事——疏浚水渠。

疏浚水渠本不是大事，然而由于王公、豪门大户的掺和，便成了大事。

当时，王公豪门大户为了自己方便，便在民用水渠边搭建了一架架水车，这样王公和豪门大户的土地就能随时从水渠中取水灌溉，土地收成得到了保障。

这样一来，便苦了老百姓，本来水就不多，经王公和豪门大户的水车再一截留，老百姓灌溉的水便所剩无几，想要收获，只能靠天吃饭。

这时，李元纮来了，映入他眼帘的是一架架矗立在水渠边的水车，这些不是一般的水车，它背后的主人，一个个都是当朝权要。

打狗都要看主人，李元纮，你看不看？

不看！

李元纮一声令下，沿线所有水车全部拆除。

这个命令是需要勇气的，因为水车好惹，水车的主人不好惹。

李元纮却不管那么多，他把沿线的水车全部拆除干净，同时对水渠加以修复。

不久，疏浚工程圆满结束，老百姓再也不用为浇水发愁，这一切都要归功于敢对水车说不的李元纮。

拆掉权贵水车的李元纮并没有因此遭难，相反，他的仕途越走越宽。

在京兆尹之后，他又历任工部侍郎、兵部侍郎、吏部侍郎，在吏部侍郎任上，他得到了前所未有的认可。

开元十三年，李元纮迎来了一个机会：户部领导层空缺。

李隆基命令宰相和其他高官一起推荐合适人选，李元纮获得提名最多，这样李元纮便由吏部转到户部。

按照李隆基的心思，准备将李元纮委任为户部尚书，然而，从履历来看，李元纮的资历还有些浅，不够出任尚书的年限。李隆基只能退而求其次，将他委任为户部侍郎，待时机成熟，再加以重用。

一年后，张说罢相，李隆基第一个便想到了李元纮，这个敢跟权贵斗争的人便这样当上了宰相。

好人终有好报，此言不虚。

好人李元纮当上宰相五个月后，好人杜暹也当上了宰相。

杜暹，这个人的骨子里有好人的基因。

杜暹的父亲叫杜承志，武则天时期担任监察御史。在监察御史任上，杜承志接到了一个任务：调查怀州刺史李文暕。

李文暕是李唐宗室子弟，因为得罪了人，被人诬告。诬告他的人本以为这一下就可以置李文暕于死地，没想到，愿望没能实现，前来调查的杜承志是个实事求是的人。

经过调查，杜承志最终认定，李文暕是被诬告，应该无罪释放。

诬告事件就此告一段落。

然而，诬告事件并没有就此结束，一心想打压李唐宗室的武则天还是定了李文暕的罪。这样，杜承志也跟着连坐，由监察御史被贬为方义县令。

几经反复，杜承志又做到了天官员外郎，而此时，诬告罗织之风已经四起，官场陷入恐怖之中。有过被贬经历的杜承志索性以有病为由辞官回家，彻底避开了诬告横行的官场，最终在家中病逝。

杜承志之后，杜暹登上历史舞台，有着良好家教的他，从小就打下良好的底子，他们家五代同在一个屋檐下，却和和睦睦，没有其他人家的争吵不休。

杜暹本人是一大家子中的佼佼者，不仅恭顺，而且侍奉继母，也孝顺无比，他的孝顺名闻乡里。

同源乾曜一样，长大后的杜暹也是通过明经考试进入仕途，第一个官职是婺州参军。

时间过得飞快，一晃杜暹任职期满，到了告别的时候。

婺州的官员们都来为他送行，州里的小吏为他准备了一万张纸，作为送给他的临别礼物。杜暹看了看这一万张纸，然后从中抽出了一百张，对小吏说："这一百张我留下，剩下的你都拿回去吧！"

在场的人看到了这一幕，不禁感慨："昔日有位清廉的太守离任，临别只接受一枚铜钱留作纪念，今天的杜暹与清廉太守又有何不同呢？"

可见，清廉从古至今都是美德。

离开婺州之后，杜暹又出任郑县县尉，在郑县，他的清廉之名有口皆碑。

然而，天有不测风云，杜暹在县尉任上遇到了麻烦，因故要被追究责任。

负责审理杜暹案的人叫杨孚，曾经担任华州司马，现在担任大理寺正。

巧合的是，杨孚早就听闻过杜暹的清廉之名，现在杜暹落到自己的手里，杨孚决心帮杜暹一把。杨孚对自己的同事说："如果这个清廉的县尉也被问罪，那么天下的清廉之士还有什么盼头？"

经过杨孚的努力，杜暹终于逃过了这一劫，不仅没有被追究责任，还被擢升为大理评事，品级从八品，业务范围相当于现在的调研员。

苦尽甘来，杜暹此后的仕途一帆风顺。

开元十二年，在家守丧的杜暹被夺情（皇帝不准守丧三年，提前起用，即为夺情），出任安西副大都护。

在安西副大都护任上，杜暹治理得力，深得人心，并在开元十三年平定了于阗国的叛乱，由此赢得了李隆基的信任。

开元十四年，李隆基将这个以清廉知名的安西副大都护送上了宰相之位。

这个班子中，源乾曜素有清名，李元纮不畏权贵，杜暹清廉守节，三个人在做人层面都是好人，然而，好人并不意味着就能当好领导。

后来的事实证明，这个三人宰相组合，相当于看守内阁，过渡政府。

十字路口

时间走到开元十四年，这一年，李隆基走上了十字路口。

一年前，他前往泰山封禅，盛大的仪式让他血脉贲张，比肩汉武大帝的念头在心底悄然而生。

一年后，来自户部的数据让他喜上眉梢，全国的人口已经达到了706万户，4141万人，这个数字较他的曾祖李世民、祖父李治都有大幅度的提高。

以农业立国的王朝，人口就是国力的晴雨表，国力强则人口盛，国力弱则人口减，历朝历代的王朝更迭已经验证了这一点。

现在全国人口已经到了四千万的规模，李隆基的心思动了。

他想追求一些跟以往不同的东西，比如边功（对外战争）。

其实，在开元元年，姚崇提出的"十戒"第二条就是"不求边功"，当时李隆基答应了，答应得干脆。

姚崇之后，宋璟的做法是"不赏边臣"，目的跟姚崇一样，不希望李隆基追求开土拓边。

宋璟之后，张说其实也抱有同样的观点，他也不主张李隆基追求边功。

在三大名相的制约下，李隆基一直压抑着自己的欲望，然而到泰山封禅之后，李隆基有些压抑不住了，他的心开始蠢蠢欲动。

李隆基蠢蠢欲动，根源是因为吐蕃人的刺激。

此时的吐蕃已经取代东突厥、西突厥成为唐朝最大的劲敌，尽管文成公主、金城公主前后嫁入吐蕃，但两国的关系并没有就此走向和平，边境的战争时断时续。

令李隆基最不能容忍的是吐蕃人的语气，每次吐蕃人给李隆基写信，都是平起平坐的姿态，狂妄之言在信中经常流露。回想曾祖李世民时代，被尊为"天可汗"，普天之下共同的领袖，而现在，吐蕃居然妄想跟大唐王朝平起平坐，真是不知天高地厚。

泰山封禅之后，李隆基越看吐蕃越不顺眼，他决定给吐蕃点颜色看看。

最先知道李隆基想法的是张说，当时他没有罢相。

张说一听，当即表示反对：

吐蕃无礼，确实应该将他们诛灭，然而我们跟吐蕃已经连续打了十几年，甘州、凉州、河州、鄯州都已残破不堪，当地百姓已经支撑不住。我们的王者之师虽然屡屡告捷，但得不偿失。最近听说吐蕃有悔过求和的意思，还是允许他们求和吧，这样边境的百姓才能休养生息。

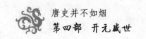
李隆基闻言，知道张说不同意，便打起了太极：

哦，这事不急，等我跟河西节度使王君毚讨论后再说吧！

李隆基如此一说，张说也不好再坚持，他知道，李隆基要改弦易辙了。

张说出来便对源乾曜说："王君毚有勇无谋，常怀侥幸心理，他是不愿意看到两国议和的。如果两国议和，他就没有立功机会了。我预料他会鼓动皇上发动战争，我的话，皇上恐怕听不进去了！"

果然不出张说所料，王君毚与李隆基见面后，坚决反对议和，相反，他建议向吐蕃发动深度攻击。这个建议，正中李隆基下怀。

从此时起，十字路口的李隆基选定了自己的方向，以前的他克制，不求边功，之后的他，不再克制，在追求边功的道路上越走越远。

你来我往

开元十四年冬，河西节度使王君毚吹响了大唐王朝向吐蕃进攻的号角。

这场进攻，是经典的防守反击。

这一年冬天，吐蕃大将悉诺逻恭禄率军挺进大斗口（今甘肃省山丹县南），一直打到甘州，劫掠一番后，扬长而去。

这是他们习惯的做法，抢一拨就走，下次还来。以前唐朝的守军一般都采取固守的办法，将吐蕃人赶走之后便不再追击，这一次王君毚决定改变惯例，要给吐蕃人一个惊喜。

王君毚事前查看过地形，对形势有了初步判断：虽然吐蕃人到甘州能够劫掠一番，但他们的战线过长，回军路上一定会疲惫不堪。王君毚决定，就在吐蕃人回去的路上下手，打他个措手不及。

人顺的时候，连老天爷都帮忙。

就在吐蕃人抢劫得手回军的路上，天降暴雪，吐蕃士兵冻死很多，冻伤无数，战斗力随着气温骤降。暴雪中，吐蕃士兵艰难地往回返，却不知道，在前面，王君毚还给他们准备了神秘的礼物。

等吐蕃人到了大非川（青海湖以南）准备原地休整、放马吃草时，他们发现了王君毚送给他们的神秘礼物：光秃秃一片，寸草不剩。原来，就在吐蕃人劫掠甘州的同时，王君㚟已经安排人潜入吐蕃境内，把沿途可供战马食用的草木树林付之一炬。

无草可吃，战马一匹接一匹倒下，还没有看到唐军，吐蕃人的战马已经饿死大半。

这还不是最可怕的，可怕的是，王君㚟已经尾随而来。

王君㚟来的时候，吐蕃人的主力部队已经先期返回国内，剩下殿后的是辎重部队，正驻扎在青海湖边。

气温正常的时候，青海湖不结冰，青海湖的湖水就是吐蕃军队的天然屏障，根本不用防备唐军的偷袭。偏偏这个时候气温不正常了。

青海湖结冰了。

结冰的青海湖不再是天堑，而是一马平川。

就在吐蕃军队疏于防范之际，王君㚟的部队已经踩着青海湖的冰层向他们发起了猛攻。

这不是一个等量级的战争，唐朝方面出战的是主力部队，吐蕃军队则是辎重部队，战争的结果从一开始已经注定。

战后打扫战场，羊数以万计，马数以万计。

这是一场沉甸甸的胜利，李隆基继位以来对吐蕃的第一次大胜。

开元十五年初，大胜的消息传到长安。

李隆基龙颜大悦，顿时将当初与姚崇的约定抛在脑后，他要大赏边臣：

王君㚟，升任左羽林大将军；

王君㚟老爹王寿升任少府监（宫廷供应总监），即日起以少府监职位退休，退休后待遇不变。

除此之外，李隆基还在广达楼上摆下宴席，招待两位贵宾，王君㚟和他的妻子夏氏。

令李隆基更高兴的是，王君㚟的妻子夏氏居然还是一员武将，在这次与吐蕃人的大战中立下战功，巾帼不让须眉。

李隆基当即封赏，封夏氏为武威郡夫人，另外赏赐金帛若干。

至此，王君㚟的战功被放大到了极致，除了王君㚟本人受到皇帝的恩宠外，同时也向全国传递了一个信息：皇帝越来越重视战功了。

开元初期的克制正在一点点消失，取而代之的是按捺不住的战争野心。

受尽恩宠的王君㚟没有想到，从天上掉到地下，其实只需要一年。

开元十五年九月七日，吐蕃人又来了。

为复仇而来。

带队的主将是上次吃过大亏的悉诺逻恭禄，这一次他直扑瓜州（今甘肃省安西县），逮到了两条大鱼：瓜州刺史田元献和王君㚟的老爹王寿。

随后，悉诺逻恭禄又向玉门发动了攻击，很快便攻克了玉门。

攻克玉门后，悉诺逻恭禄做出了一个奇怪的举动：下令释放所有被俘的和尚。

难道他信佛，不想为难和尚？

不，他只是想让王君㚟难堪。

被悉诺逻恭禄释放的和尚很快回到了凉州，并把悉诺逻恭禄的话带给了王君㚟：

将军不是经常以忠勇报国自居吗？今天为什么不来跟我一战？

这是挑衅，赤裸裸的挑衅，目的就是逼王君㚟出兵与吐蕃军队决战。

然而，这次挑衅并没有收到效果，王君㚟得知父亲被抓后痛哭失声，登上凉州城墙，颓然西望，人生最大的失落迎面扑来。

《旧唐书》《资治通鉴》对此的描述很让人气愤，作者一致认为，王君㚟是因为胆怯而不敢出战。

其实，王君㚟不是胆怯，而是出于全局战略的考虑，他不能为了自己的父亲贸然出征。

打战看起来是简单无比的事情，实际却是一个复杂的系统工程，如果没有细致的准备，贸然出征的结果多半是惨败。

《旧唐书》《资治通鉴》的作者却一味指责王君㚟胆小，其实，是因为他们书生意气，不懂军事。

在王君㚟痛苦坚守的同时，瓜州以西的常乐县城也在艰苦地坚守。

常乐县城是瓜州西面的一个小城，吐蕃人并没有放在眼里，在主力部队进攻瓜州的同时，只是拨出了一部分人马攻击常乐县城。

他们本以为这个县城抬脚就可以进，没想到，这是一个硬骨头。

常乐县令贾师顺率领全城百姓坚守，吐蕃的小部队硬是没能攻破。

这时，瓜州的战事已经结束了，吐蕃主将悉诺逻恭禄将全部人马投入常乐县城，没想到，还是没攻破。

悉诺逻恭禄不禁对眼前这个小城刮目相看，看来硬攻不行，只能智取了。

悉诺逻恭禄派出了自己的使者，前去常乐说降。

使者对贾师顺说："瓜州已破，吐蕃大军席卷而来，小小的常乐城怎么挡得住呢？小人的小舅子就在常乐城中，小人很是惦记，县令大人何不早降，以保全城内百姓。"

贾师顺回应道："按照法律，降贼者诛灭九族，我身为朝廷官员，只能誓死抵抗，怎能背叛国家投降！"

说降又碰了硬钉子，悉诺逻恭禄只能硬着头皮继续攻打。

又打了八天，还是没能打下来。

悉诺逻恭禄决定再找贾师顺谈谈。

使者又到了常乐城下，对贾师顺说道："大人既然不肯投降也就算了，我们大军准备班师了，城中难道没有财物送给我们一点吗？"

见过无耻的，没见过这么无耻的。

心里骂过之后，贾师顺还得马上想对策，看来吐蕃人贼不走空，一定要见到甜头再走。

那就给他们一点吧。

贾师顺转身对城上正在防守的士兵说："脱下你们的衣服，送给吐蕃人当礼物！"

这下轮到悉诺逻恭禄吃惊了，他没想到常乐城穷成这样，居然拿些破衣服当礼物。

也罢，这个穷城不值得打。

常乐县城真的穷成那样吗？其实未必。

贾师顺这么做，是为了尽早断了吐蕃人的念想，要钱没有，要衣服倒有几件。

当夜，悉诺逻恭禄收营而去，临走前，他们还摧毁了瓜州城池。

贾师顺见状，连夜打开城门，满地捡拾可以使用的兵器，打扫干净之后，火速关闭城门，严阵以待。

果不出贾师顺所料，吐蕃人的骑兵并没有走远，他们就在附近，准备杀一个回马枪。

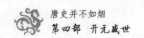

等到吐蕃骑兵回来时，他们失望了，常乐县城的防备更加森严，想杀回马枪？

下辈子吧！

眼见无机可乘，吐蕃骑兵快快而去，常乐县城在贾师顺的指挥下终于得到保全。

经此一战，贾师顺进入李隆基的视野，后来一直升迁到陇右节度使，而这一切的基石就是常乐县城保卫战。

意外之祸

瓜州的失利，令王君㒟十分懊恼，不过几天后，京城传来一个消息，这个消息让王君㒟长出了一口气。

因为他赢得了与回纥等四部落酋长的博弈。

王君㒟与回纥等四部落酋长的博弈还得从他年轻时说起。

当时回纥、契苾、思结、浑等四部落因为不堪忍受东突厥汗国的压迫便向唐朝政府投降，进而驻扎到瓜州和凉州之间。这四个部落的酋长都是世袭的，家族代代相传。

年轻的王君㒟经常往来于这四个部落之间，却不受四个部落酋长的欢迎，酋长们没有看到未来的眼睛，他们想不到有朝一日王君㒟会成为他们的上峰长官。

在四个酋长那里，王君㒟得到的是冷脸和白眼，这深深刺痛了王君㒟的心，他把这四个酋长记在心里，暗暗发誓，一定要出人头地，让四个酋长知道自己的厉害。

后来王君㒟果然出人头地，一路做到了河西节度使，这样四个酋长就全部变成他的下属，王君㒟有权对他们进行直接管理。

君子报仇，十年不晚，现在王君㒟相信了这句话。

王君㒟开始报复，他利用手中的权力，对四个酋长进行各种限制，总之是想方设法找碴，让四个酋长坐立不安。

眼看王君㒟找碴，四个酋长知道这个死结已经解不开了，只能跳过王君㒟直接向李隆基告状，然而，在四酋长告状的同时，王君㚟也上了一道奏疏：四个部落难以管理，他们私下有反叛的阴谋。

一边是告状，一边是奏疏，一时间李隆基也分辨不清，便派宦官前往河西调查。

接待宦官的是王君㚟，这个优势就注定王君㚟要赢了。

经过"调查"，四部落告状不实，王君㚟所言极是。

李隆基相信了。

不久，李隆基下诏：

> 瀚海大都督回纥酋长药罗葛承宗流放瀼州（今广西壮族自治区上思县）；
> 浑部落酋长浑大德流放吉州（今江西省吉安县）；
> 贺兰都督契苾部落酋长契苾承明流放藤州（今广西壮族自治区藤县）；
> 卢山都督思结部落酋长思结归国流放琼州（今海南省定安县）。

这就是四位酋长告状的代价。

看到这个结果，王君㚟有一种复仇的快感，也正是这复仇的快感，让他兴奋之余放松了警惕。

开元十五年闰九月，王君㚟带领几十名骑兵轻装出发，去执行一个特殊任务。

在这之前，王君㚟得知，吐蕃使节将在肃州（今甘肃省酒泉市）过境，前往东突厥汗国。王君㚟决定设伏，让吐蕃使节有来无回。

在肃州，王君㚟果然等到了吐蕃出使东突厥的使节，一个伏击，吐蕃使节团全军覆灭，有来无回。

此时的王君㚟并没有意识到，有来无回的不仅仅是东突厥使节。回军路上，王君㚟走到了甘州南巩笔驿（今甘肃省张掖市西南），伏兵四起。

领头的叫药罗葛护输，回纥酋长药罗葛承宗的侄子，他早就探听到王君㚟的行踪，在这里等待多时了。

王君㚟意识到遇到了苦主，求情是不行了，只能力战。

从早上一直激战到下午，王君㚟的骑兵一个一个倒下，最后只剩下王君㚟一人。

出来混的，迟早要还的。

王君㚟没有想到还得这么快。

包围圈越来越小，王君㚟的空间越来越小。

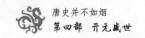
包围圈合上了，王君㲄再也没能站起来。

复仇成功的药罗葛护输把王君㲄的尸体拖到车上，然后驾着马车准备往吐蕃境内跑。

跑到半道，唐军追了上来，药罗葛护输扔下王君㲄的尸体，轻车逃亡。

唐军终于抢回了王君㲄的尸体，与此同时面临着一个前所未有的危局。

重建瓜州

王君㲄身死，朝野震动，由谁来顶替王君㲄成为迫在眉睫的问题。

李隆基一番思量之后，决定把萧嵩推上前台。

萧嵩，出身名门，贞观年间名臣萧瑀的曾侄孙。

萧嵩还有另外一个身份，"庸人自扰"原创者陆象先的连襟，他俩娶的都是会稽人贺晦的女儿。

起初，萧嵩并不被人看好，跟他的连襟陆象先比，萧嵩差得有点远。

陆象先的父亲陆元方当过宰相，萧嵩的父亲则名不见经传，在《旧唐书》里，甚至没有提到他的父亲，很可能他的父亲根本没有做过官。

当陆象先当上洛阳县尉时，萧嵩还没有走上仕途。

两相对比，萧嵩处于下风。

不过也有对萧嵩青眼有加的人，这个人自称有相面之术，在看过陆象先和萧嵩的面相后，对陆象先说："陆郎十年内位极人臣，然不及萧郎一门尽贵，官位高而有寿。"

当时的人都不信。

十年之内，陆象先果然当上宰相，预言验证了一半。

开元十五年，萧嵩被李隆基推上前台，到了验证另一半预言的时候了。

临危受命，萧嵩被紧急从朔方节度使调任河西节度使，他必须在短时间内收拾王君㲄留下的残局。经萧嵩引荐，两个月后在唐朝历史上有一席之地的人进入萧嵩的帐下，牛仙客，张守珪。

牛仙客原本是鹑觚县（今甘肃省灵台县）小吏，凭借自己的才干平步青云，一直做到河西节度判官，是王君㲄的心腹之一，萧嵩重用他，看重的是他了解当地的情况。

牛仙客没有辜负萧嵩的信任，很快就协助萧嵩稳定了局势。

接下来要看张守珪的表现了，他的任务很艰巨。

提起张守珪这个名字，多数人感到陌生，但一提安禄山，大家都知道，大家不知道的是，张守珪是安禄山的伯乐，正是张守珪发掘了安禄山。

当然，现在的张守珪还顾不上安禄山，刚刚升任瓜州刺史的他，需要尽快把瓜州城重建起来，不然吐蕃人再来，就麻烦了。

怕什么，偏来什么。

吐蕃人说来就来了，他们来的时候瓜州城重建工作刚刚开始，多数地方刚刚支起了模板。形势顿时恐慌了起来。

城中的人虽然集合了起来，然而拿着武器，面面相觑。

张守珪一看，顿知不妙，便对众人说道："敌众我寡，又是在饱经疮痍之后，与吐蕃人斗，不能硬碰硬，只能智取。"张守珪马上命人在没被破坏的城楼上摆上宴席，做出饮酒作乐的样子，这一下镇住了吐蕃人。

吐蕃人那时的文明进化程度还不高，根本不知道有"空城计"，看到张守珪"饮酒作乐"，他们便真的以为城里有了防范，徘徊了一会儿，便往后退去。

做贼的，心都虚。

这时，张守珪抓住机会，在吐蕃军队的背后一阵猛攻，吐蕃人逃得更快了，张守珪的空城计获得成功。

顺便说一句，张守珪的空城计是真的，《三国演义》里诸葛亮的空城计则是假的，假如诸葛亮真的摆空城计，司马懿只需要一个探马就能把他彻底揭穿。

用空城计赶走吐蕃军队后，张守珪便开始重建瓜州城，不久，瓜州城修复。

在此之后，张守珪又把之前四散逃难的百姓找了回来，让他们重新开始在瓜州的生活。经过他的努力，瓜州城终于回到了正常的轨道。

由此，张守珪也入了李隆基的法眼，他所在的瓜州也被破格升级为都督府，张守珪则顺理成章地由瓜州刺史升任瓜州都督。

瓜州重建成功，河西的秩序恢复如初，这时河西节度使萧嵩又将目光投到了吐蕃大将悉诺逻恭禄身上，他想在这个人身上做点文章。

萧嵩知道，现在的悉诺逻恭禄是吐蕃的第一名将，这个人作战勇敢，而且很有计谋，如果这个人长期存在，必定是自己的强劲对手。

为了河西的安宁，就一定要把这个人除掉，而且是借吐蕃人自己的手除掉。

萧嵩启动了自己的计谋，反间计。

不久，流言在吐蕃境内广为散播：将军悉诺逻恭禄与唐朝勾结，将要在国内作乱。

流言的主角是悉诺逻恭禄，出品人则是萧嵩。

不出萧嵩所料，吐蕃国王果然上当，他真的相信了萧嵩制造的流言。

也不能完全怪吐蕃国王智商不够，怪只能怪悉诺逻恭禄的功劳太大了，大到连国王都感到恐惧的地步。

历来，到了功高震主的地步，结局一般都很惨。

悉诺逻恭禄没能躲过流言的中伤，他被信以为真的国王召见后，秘密诛杀。

从此，吐蕃军队的攻势开始减退，胜负的天平开始向唐朝一边倾斜。

萧嵩拜相

开元十六年，唐朝对吐蕃的战争节节胜利。

七月，吐蕃卷土重来，第一站选择了他们曾经取得大胜的瓜州。

吐蕃人没有想到，仅仅一年之后，瓜州已经今非昔比。在瓜州城，吐蕃人非但没有占到便宜，反而被瓜州都督张守珪打得满地找牙，狼狈逃窜。

紧接着，河西节度使萧嵩、陇右节度使张忠亮也出动了，在青海湖南又给吐蕃军队一通痛击，吐蕃士兵大量被杀被俘，牲畜被俘更是不计其数。

连续两次重大失利并没有让吐蕃人吸取教训，很快他们又来了，双方在祁连城（今甘肃省民乐县）遭遇。

严格说来，这是一场十分不公平的战争。

萧嵩的部队在祁连城上，居高临下，吐蕃的军队在祁连城下，想要进攻，需要抬着头仰攻。

这还不算，萧嵩的部队整整四千人，而且清一色强弓。

强弓部队在祁连城上张开了弓弦，一声号令，箭如雨下。

从上午 8 时，一直厮杀到傍晚，吐蕃军队头顶的箭雨一直下个不停。

只要不是少林寺铜人，没人受得了这个。挺到最后，吐蕃军队顶不住了，一员大将被生擒，剩余士兵则作鸟兽散，逃入附近的山中，这一夜，吐蕃士兵的哭声，震动了山野。

连续三场大胜的消息传到长安，李隆基兴奋到了极点，这是前所未有的大胜，比当年王君㚟还要大的大胜，一定要重赏。

李隆基给出了自己的重赏：萧嵩同中书门下三品。

如此一来，萧嵩就凭借战功成为李隆基的宰相，当年的神秘预言已经实现了一多半。

与萧嵩节节攀升相反，同为宰相的李元纮和杜暹却一直在走下坡路。

这两个道德层面的好人确实不具备宰相之才，在他们任宰相的几年里，可圈可点的事迹寥寥无几，唯一值得肯定的是，他们恪尽职守。至于对国家有益的重大决策，一样没有，与之前的三位名相显然不在一个层面之上。

由此可见，好人不一定是好领导，好领导也不一定是好人。

到开元十七年，李隆基对原来的宰相组合彻底失望了。

三个宰相之中，源乾曜是老好人，一般不跟人争吵，也很少表达自己的意见。李元纮和杜暹两个好人则发生了碰撞，他们经常争吵，最后发展到在李隆基面前相互攻击。

李隆基的眼中已经看不到两个宰相，只看到两只斗鸡。

开元十七年六月十五日，以源乾曜为首的原三人宰相班子全部被罢免。

杜暹被贬为荆州长史，李元纮被贬为曹州刺史，源乾曜卸任侍中，只担任尚书左丞相。

新宰相班子随即上台：

萧嵩兼中书令，同时遥领河西节度使（名义上为河西节度使，实际工作由节度副使主持）；

宇文融为黄门侍郎、同中书门下平章事；

裴光庭为中书侍郎、同中书门下平章事。

屈指算来，源乾曜、李元纮、杜暹这个组合只持续了三个年头，便完成了看守内阁的任期，那么以萧嵩为首的新组合又能持续多久呢？

第十章　百日宰相

宇文融拜相

宇文融算是一个老熟人了，开元十四年张说罢相时，他颇为活跃。

按照常理，宇文融扳倒当朝宰相有功，应该能踩着张说的身体往上升迁。

事与愿违，宇文融非但没能踩着张说升迁，反而在张说身上栽了大跟头。

这一切都是因为他发力太猛。

张说罢相之后，宇文融生怕张说再次复出为相，他了解张说的历史，此人前后三次为相，谁能保证没有第四次呢？

为了防止张说东山再起，宇文融决定在张说身上再踩上一脚。

他又找到了同盟军，和他一样痛恨张说的崔隐甫。两人又开始在李隆基面前攻击张说，在他们的口中笔下，张说一无是处，连废物回收的价值都没有。

两人说得口沫横飞，却没有注意到李隆基越来越难看的脸色。

李隆基烦了，而且对宇文融和崔隐甫产生了怀疑，这两个人步调如此一致，莫非是结党？

宇文融和崔隐甫就此栽了。

开元十五年二月二日，李隆基为张说和宇文融的恩怨画上了一个句号：

张说彻底退休；宇文融贬为魏州刺史；崔隐甫免除所有官职，回家侍奉老母。

让你们再吵！

对于张说而言，这个处理意义并不大，也就是说说而已。不久李隆基还是给他分配了一些工作，比如监修国史，虽然不再是宰相，但日子过得很滋润。

宇文融和崔隐甫就比较惨，崔隐甫就此免除官职，宇文融也得离开长安，到魏州当刺史，两人的人生落差比瀑布还要大。

官场上的互相中伤，就是在打七伤拳，你在伤害别人的同时，也在伤害你自己。

就这样，心比天高的宇文融便到魏州上任刺史，心里却在想着有朝一日重返长安。

事实证明，宇文融这个人还是有一些能力，也是一个想做事的人。

出任魏州刺史不久，李隆基又把宇文融委任为代理汴州刺史，同时兼任黄河南北治水特使。

接到任命，宇文融又上书李隆基，建议在古书《禹贡》所提的九河古河道开荒种田，以增加国家粮食收入。

李隆基很快同意，于是宇文融便动工开干。

然而，在古河道开荒看起来简单，做起来却很难，在没有大型机械的唐代，如此巨大的工程并非一朝一夕能够完成，而宇文融想法虽有，毅力却不足，如此浩大的工程开了头，却收不了尾，最后便不了了之。

不过，李隆基并不以为意，他知道宇文融的能力不是在开荒，而是在理财，这个人对于王朝一定是有用的。

此时的李隆基对宇文融充满了期待，准确地说，他对钱充满了期待。

富有天下的李隆基本人并不缺钱，但是开疆拓土却缺钱，任何一项军事行动都需要钱做后盾。一旦没钱，那真是穷得连仗都打不起了。

时间走到开元十七年，李隆基在罢免源乾曜等宰相后，把宇文融推上了前台，他对这个宰相寄予了厚望。

宇文融也不含糊，上任之后便对亲信说："只要让我在这个位置上待几个月，准保四海平静无事！"

话说得够大，而话说大了，不仅容易闪着舌头，也容易闪着腰。

不过，上任伊始，宇文融还是让李隆基眼前一亮。

让李隆基眼前一亮的是宇文融推荐的人选：宋璟为尚书右丞相，裴耀卿为

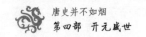

户部侍郎，许景先为工部侍郎。

这些人不仅在朝中有一定的声望，而且正是李隆基想用的，宇文融与李隆基不谋而合，这让李隆基非常高兴，莫非宇文融与朕心有灵犀？

然而，高兴一扫而过，接下来，李隆基听到的，看到的，都是宇文融的负面消息：

宇文融性格急躁，话特别多；

宇文融重用自己的故交和宾客，而且日夜喝酒嬉戏。

负面消息看多了，李隆基有些犹疑了，因为他看到了宇文融的两张面孔，一张面孔是知人善任、善于理财，另一张面孔则是性格缺陷、重用故交，到底哪张面孔才是宇文融的真面孔呢？

假 想 之 敌

在李隆基观察宇文融的同时，宇文融也没闲着，不过他不是在观察李隆基，而是在观察一位假想敌。

假想敌的名字叫李祎。

李祎，吴王李恪之孙，受封信安王，此时正担任朔方节度大使。

宇文融将李祎当作假想敌，是因为李祎立下了赫赫战功，这个战功大到压倒之前的萧嵩、张守珪的地步。

开元十五年，李祎出任朔方节度副大使，不久升任朔方节度大使。

一上任，李祎便把目光锁定在吐蕃人占据的石堡城。

石堡城位于今天青海省湟源县西南，是吐蕃人的军事重镇，以这个重镇为基地，吐蕃军队可以随时出动，骚扰黄河以西的唐朝领土，边境百姓苦不堪言。

以前的边将也曾经想拔掉石堡城这颗钉子，但是苦于对方防守严密，不敢贸然进攻。

现在李祎又提出攻打石堡城，立刻便遭到了反对意见：石堡城依据险要，易守难攻，又是吐蕃人最倚重的重镇，我们前去攻打，吐蕃人必定竭力死守。一旦攻不下来，想要撤退就狼狈了，不如按兵不动，看看形势再说。

李祎听罢，摇了摇头："做人臣子，怎能畏惧凶险？就算到时寡不敌众，我李祎愿意死在前面。只要有利于国家，这条命又何足惜？"

说完，李祎下令，即日起开始准备，目标——石堡城。

石堡城一直也是李隆基的心病，他想拔掉这颗钉子也很久了，不过他知道这并非一朝一夕之功，还得从长计议。听说李祎准备打石堡城，李隆基便指令李祎与河西、陇右两大战区一起协商，争取联合作战。

三大战区坐到一起，河西、陇右两大战区都表示反对，只有李祎一个人坚持。李祎不再作声，但心里已经拿定了主意。

回到朔方战区，李祎开始调拨兵马，自己亲自出征，直扑吐蕃人的军事重镇石堡城。

长期以来，唐和吐蕃都生活在惯性之中：

唐军一直习惯性地认为石堡城难攻；吐蕃人也一直习惯性地以为石堡城难攻。

因为以为石堡城难攻，所以此前的唐军不去攻打；同样因为石堡城难攻，所以吐蕃军队的防守逐渐松懈。

双方的惯性，最终演变成吐蕃守军的惰性。

当李祎率军向石堡城发起攻击后，他发现，原来这道门是虚掩着的。

并非想象中的坚不可摧。

激战之后，李祎登上了石堡城，这个吐蕃人倚重的重镇，现在到了唐军的手中，以这里为基点，唐朝边境开拓一千余里。

胜利的消息传到长安，李隆基大喜过望，他想不到自己的这位堂兄，居然有如此的统率能力。欣喜之余，李隆基将石堡城改了一个名字：振武军。

经此一战，李祎声名鹊起，宇文融则在李祎的声名日隆中暗自担心：皇上不会把李祎扶上宰相之位吧？

宇文融的担心并不是空穴来风，因为以战功登上宰相之位并不是没有先例，萧嵩便是证明。

宇文融打起了自己的小算盘，算着算着，自己把自己吓坏了。

在宇文融看来，如果李祎拜相，就有可能得到李隆基的最大信任，这样宇文融就得靠边站了，他的那些宏伟计划也就没有实现的空间。

不行，绝不能让李祎拜相。

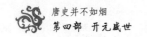

宇文融脑筋一转，计上心来。

计策都是现成的，套用对付张说的方法就可以了，弹劾！

在宇文融的授意下，御史李寅准备了一道奏疏，弹劾李祎图谋不轨。

弹劾李祎的时间选得很贼，专门挑李祎进京觐见时，此举便是为了把李祎就地拿下，省得还要去朔方战区抓人浪费时间。

宇文融算盘打得很精，只是他没想到，夜路走得多了，总有一天会遇到鬼。

在宇文融指使李寅上奏疏的同时，李祎却提前得到了消息，消息来自宇文融的亲信，这个亲信在得知宇文融要弹劾李祎时，便把消息通报给了李祎。

亲信卖主求荣究竟意图何为，史无明载，或许是为了报复，或许仅仅是为了钱。

这个关键时刻的通风报信让李祎赢得了一个时间差，他利用这个时间差进宫当面向李隆基作了思想汇报。

李祎说，臣久在边疆，又立了点战功，这样就免不了有人会打臣的小报告，如果有的话，请陛下一定要明察，还臣一个公道。

李隆基点了点头，对于这个堂兄，他现在很是倚重，他不会允许别人对他造谣中伤。

第二天，李寅的弹劾奏疏来了，马上生效。

反效果！

李隆基当即大怒，把李寅打入大狱。

经过调查，李隆基发现了李寅背后的宇文融，顿时对宇文融的印象大打折扣，宇文融的宰相生涯就此终结。

原本宇文融搬起石头想砸别人的脚，最终却砸到了自己。

开元十七年九月二十五日，宇文融被贬为汝州刺史，此时距离他上任宰相仅仅一百天。

无意之中，宇文融也创造了纪录，他成为李隆基手下任职最短的宰相，连刘幽求都比他任期长。

众叛亲未离

百日宰相宇文融被罢免，诬告李祎实际上只是一个导火索，根本原因是宇文融不见容于整个官场，李隆基不得已为之。

宇文融不见容于整个官场，一是因为他的工作方式，二是因为他的工作理念。

当年，宇文融在政治上发家靠的是清查全国人口和土地，在清查过程中，他采用自己独特的方法：向全国委派十个劝农使，同时兼任御史。

此举对于清查工作非常有利，但同时得罪了整个官场，因为宇文融把自己凌驾于整个官场之上。

十个劝农使归宇文融直接领导，便组成了一个特别专员组，这个专员组只接受宇文融的领导，不归任何一级官员领导，无形中就给人高高在上的感觉。如果专员组不与现有官场交叉也罢，然而偏偏这个专员组与官场有很大的交叉，有意无意之中，宇文融已经把各类官员得罪遍了，上至宰相，下到地方刺史县令，宇文融却浑然不觉。

宇文融不可能不知道，但是仗着有李隆基撑腰，他便把别人的反对视而不见。

事实证明，有后台撑腰时，可以装白内障，没有后台撑腰了，眼睛视力就得恢复正常了。

工作方式已经得罪了整个官场，宇文融的工作理念，更是与官场中人大相径庭，因为他敢于言利。

敢于言利的宇文融注定不为多数官员所容，因为多数官员都读过圣贤书，在他们心中都有一个信念：君子固穷，耻于言利。

宇文融却千方百计从百姓和土地上找钱，这与多数官员受的传统教育格格不入，由此，矛盾已在所难免。

不过，身处高位时，宇文融感觉不到他与整个官场的矛盾，因为身在高处，他看到的都是笑脸。下台之后，乾坤倒转，宇文融顿时感觉到矛盾无处不在。

开元十七年十月，宇文融的生活原本出现了一道亮光。

起因是李隆基说了一句话，李隆基对宰相裴光庭说："你们都说宇文融不

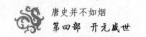
好，我就把他罢黜了。如今国库不足，将来怎么办？你们就是这么辅佐我的吗？"

李隆基这句话算是给宇文融的一生定了调：富有理财能力，但群众关系不好。

原本这句话对改变宇文融的处境应该有所帮助，没想到结果更糟。

原因很简单，李隆基越这么说，就越不能让宇文融回来，如果宇文融回来再得到恩宠，那么先前说他不好的人就全栽了。

不久，弹劾宇文融的奏疏又来了：宇文融贪赃枉法，交游朋党。

李隆基一看，那就接着贬吧！

宇文融又由汝州刺史贬为昭州平乐县尉（今广西平乐县）。

这次贬黜，够彻底的，平乐县尉只是从九品，副股级，而原本宇文融是享受宰相待遇的。

在平乐过了一年，宇文融以为境遇会有所改变。

是有改变，只是变得更糟。

又一封奏疏到了李隆基那里：

宇文融在汴州刺史任上曾经贪污一万余贯。

经过"调查"，有关官员认为情况属实，此时属不属实已经不重要了，重要的是把宇文融一踩到底，不能让他有回光返照的机会。

宇文融落魄到家了，从九品的平乐县尉也做不了了，直接发配岩州（今广西来宾县）。

这时宇文融算是看透了整个官场，伸手援助的一个没有，有的只是落井下石。

唉，众叛亲离。

不，众叛亲未离。

就在宇文融伤心至死时，他在传诏使者的背后看到了他的儿子宇文审。

宇文审原本在家中和弟弟一起侍奉母亲，听说父亲再度被贬，号啕大哭。他没有惊动母亲，便一个人徒步前往平乐看望自己的父亲。去往平乐的路上，宇文审遇到了正好去平乐传诏的使者，使者见他可怜，便把他拉上了车，然后一路颠簸来到了平乐。

父子相见，抱头痛哭，宇文融老泪纵横，伤心之余又有些欣慰，就算全世界都抛弃了他，至少他的儿子没有。

父子短暂团聚之后，便再次分开，宇文审回到长安，后来考中进士，进入官场。天宝年间，当杨国忠要诛杀岭南流放犯人时，宇文审担任岭南监决处置使，手里握着生死大权。经过他的努力，真正处决的很少，多数人在他的保护下活了下来。

然而，他的父亲宇文融就没有那么幸运了，一到岩州，宇文融就病了，他受不了岩州的瘴气。

不想等死的宇文融便硬挺着到了广州，想在广州停留下来，多活几天。

然而最后的愿望也没能实现，广州都督的一席话让他打消了念头。

广州都督说："大人因为受到朝廷怪罪才被发配到这里，现在却想违背朝廷命令，在广州停留。我本人受牵连也无所谓，关键是朝廷一旦知道大人在这里，恐怕也不会允许！"

听完广州都督的话，宇文融明白了，广州不是他的最后一站，岩州才是。

其实，岩州也不是。

从广州返回岩州的路上，宇文融的人生抵达了终点。

宇文融的人生开始时是喜剧，结尾则是悲剧。

值得一提的是，即便死后，宇文融也背着骂名，在汤显祖写的《邯郸记》中，宰相宇文融就是一个大反派。

汤显祖以"黄粱一梦"为故事梗概，描写了一个卢姓书生的黄粱一梦，在梦中，卢生高中状元，娶了望族清河崔氏的女儿，后来与身为宰相的宇文融发生矛盾。几经周折，卢生在边塞立功，最终揭穿了宇文融的阴谋，明察秋毫的皇帝将宇文融问斩。

唉，连在梦中都是反派，悲剧！

论资排辈

百日宰相宇文融离去之后，朝堂之上又只剩下两位宰相，一位是萧嵩，一位则是裴光庭。

裴光庭在前面出过场，当年张说建议李隆基封禅泰山后，担心东突厥入

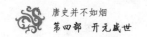

侵，正是裴光庭建议以和亲忽悠东突厥，免除了张说的后顾之忧。

裴光庭也是名门之后，他的祖父是隋朝名将裴仁基，一度归降王世充，后来想诛杀王世充归降唐朝，不料消息走漏，被王世充诛杀。

裴光庭的父亲叫裴行俭，高宗朝曾经出任过宰相，文武全才。文，通过明经考试；武，得到名将苏定方的真传。后来因西征立下大功，李治对裴行俭说了这样一句话："卿文武兼资，今故授卿二职。"即日拜礼部尚书，兼检校右卫大将军。

文职，礼部尚书；武职，检校右卫大将军。

如假包换的文武全才。

不过，裴光庭并没有沾到父亲多大光，由于他是家中幼子，在他很小时，父亲就过世了。

长大后，裴光庭总算沾了父亲一点光，武则天因为想起了他的父亲，进而召见了他，这次召见让裴光庭从此步入仕途。

步入仕途的裴光庭几经努力升迁到太常丞，没想到却功亏一篑。

因为他娶的是武三思的女儿。

武三思受到清算后，裴光庭也跟着连坐，被贬为郢州司马。

以前的努力被抵消了不少，从此裴光庭又得继续往上爬。

到开元十三年，裴光庭做到了兵部郎中，这时机会突然降临，中书令张说向他问计。

这次问计，为裴光庭的仕途装上了助推器。

从此，张说开始刻意提拔裴光庭。裴光庭时任兵部郎中，品级从五品，在他的上面是兵部侍郎，品级正四品，两者之间差着两级（正五品，从四品），直接升迁的难度很大。

这难不倒张说，他准备对裴光庭来个"曲线提升"。

不久，张说把裴光庭调出兵部，出任鸿胪少卿，鸿胪少卿是鸿胪寺的副手，配合鸿胪卿主管藩属事务，品级为从四品，这样裴光庭的品级就得到了提升。

泰山封禅之后，张说再次关照了裴光庭，又把他从鸿胪寺调回了兵部，出任正四品的兵部侍郎。

一年多的时间，裴光庭完成了原来看似不可能的飞越，这都要归功于张说的"曲线提升"。

在兵部侍郎任上干了四年，机会再次垂青了裴光庭，他由兵部侍郎转任中书侍郎，同时出任宰相，也就此与宇文融成为同僚。

同僚关系是官场中最复杂的关系，可好可坏，好可以到刎颈之交，坏可以到不共戴天。

宇文融与裴光庭，表面看起来波澜不惊，其实不共戴天。

因为宇文融与裴光庭以及张说的三角关系。

宇文融与张说是死敌，张说却是裴光庭的伯乐，两条关系线一捋，宇文融与裴光庭的关系也就清晰了。

如此一来，就活该宇文融倒霉了。

一、他虚拟了李祎这个假想敌，没事找事；

二、他得罪了整个官场，李隆基想保他也为难；

三、裴光庭是他的同僚，因为张说的因素恨上了他。

三个因素叠加到一起，神仙也救不了宇文融。

前面说过，李隆基在宇文融被贬后曾经质问过裴光庭，其实这次质问很说明问题。它表明，宇文融被贬与裴光庭有莫大的关系。

在宇文融被贬之后，弹劾宇文融的奏疏还在继续，这幕后的黑手还是裴光庭，因为此时他正兼任御史大夫，弄几个弹劾，轻而易举。落魄到家的宇文融或许感到委屈，但没有办法，或许这正是，己所不欲，勿施于人，谁让你当年对张说那么狠。

扳倒宇文融后，裴光庭与萧嵩并驾齐驱，裴光庭为侍中，萧嵩为中书令。

不久，李隆基又来了一道新任命，命裴光庭兼任吏部尚书，这道任命让裴光庭干了一件大事。

这件大事，毁誉参半。

他在吏部推行"论资排辈"。

在裴光庭以前，选拔官员一般只看能力，不看资格，有能力的，经常破格提拔，没有能力的，数十年原地不动，白头发都一把了，还在当着几十年前的小官，而有的已经取得任职资格，却二十年没有得到实缺。

除此之外，州县的任职也没有定规，有的由品级高的地方往品级低的地方调，有的则是先在京城附近任职，结果越调越远，完全没有规则。

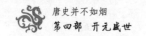

裴光庭到任之后，他决定要改变这个现状，一切调动得有规矩。

论资排辈就此展开。

裴光庭规定，以后官职出缺，就从候补官员中选，不管能力，只看资历，按照资历往下轮，轮到谁算谁。

一石激起千层浪。

官场中人顿时分成两派，一派是长年没得到提升的资深官员，一派是有些能力但资历尚浅的年轻官员，结果资深官员拍手称快，年轻官员暗自叹息。

"论资排辈"管理办法公布之后，遭到了两个重要人物的反对，一个是宋璟，一个是萧嵩。

有意思的是三个人的年龄，裴光庭五十四岁，萧嵩六十二岁，宋璟六十七岁，按道理如此老态龙钟的管理办法应该由年老的人提出才对，结果是最年轻的裴光庭提了出来，而比他年长的萧嵩和宋璟却一起反对。

或许，心态与年龄并不完全成正比。

萧嵩和宋璟的反对最终没有奏效，裴光庭的管理办法还是公布实施了，这是裴光庭宰相任期内的一件大事，也是让人诟病最多的地方，甚至一度影响他的谥号。

看来，毁誉参半的事最好少干。

短暂和平

推行完"论资排辈"制度，裴光庭和萧嵩的宰相组合又遇到了一件大事，吐蕃到唐朝国境投递国书，请求讲和。

吐蕃这个时候提出讲和，是因为他们打不起了。在两国边境上，他们先后被萧嵩、张守珪三次痛打，最近一次又被李祎攻克了石堡城，曾经的不可一世已经被唐军打没了。

吐蕃想和，但战与和的主动权掌握在李隆基手里，他犹豫了。

这时忠王李亨的咨询官皇甫惟明来了，他是主张讲和的。

李隆基不同意，他说："吐蕃国王曾经给我写信，傲慢不已，怎么能轻易原谅？"

皇甫惟明回应说："开元初年时，吐蕃国王还小，他怎么可能写那样的书信。这一定是下面的边将干的，为的是激怒陛下。一旦边境开战，那些边将就可以盗用藏匿公物，还可以自我表功领赏，这都是奸臣的做派，不是国家之福。两国兵火不断，日费千金，河西、陇右由此贫穷困敝。陛下可以派一个使节以探视金城公主的名义前往，与吐蕃国王面谈，让他们俯首称臣，这难道不是驾驭夷狄的长久之策吗？"

皇甫惟明的话说到了李隆基的心里，与吐蕃的战争打到这时，吐蕃打不起了，李隆基也有些打不起了。况且石堡城一战开边一千多里，大唐是占了便宜的，见好就收未必不可。

不久，皇甫惟明前往吐蕃，吐蕃国王果然表示臣服，在给李隆基的信中一改往日傲慢，变得无比谦卑。在信中，他自称外甥，称大唐为舅，历来汉族政权与外族和亲都是这个辈分，外族是外甥，汉族是舅。

吐蕃国王的信是这样写的：

外甥一家两代娶的都是公主，情同一家。不料唐朝边将张玄表等人入侵，因此两国交恶。外甥深知尊卑礼仪，怎么敢失礼？正是因为边将的离间，才得罪了舅舅；屡次派遣使者到长安朝拜，结果都被边将挡回。今天蒙舅舅派来使臣，探望公主，外甥喜不自胜。倘若能重修旧好，死而无憾。

从吐蕃国王的信中可以得出这样一个结论：

功劳都是领导的，过错都是属下的。

看完吐蕃国王的信，李隆基的心情平复了许多，如此看来，吐蕃国王已经知道尊卑了，这或多或少就达到目的了。

也罢，就准了他们的求和吧！

李隆基批准吐蕃求和，其实并非念及舅舅与外甥的情谊，而是另有打算，因为此时此刻，北边的契丹部落已经成了他的心腹大患，他要进行战略转移，把重点放到北边。（安禄山呼之欲出）

吐蕃的这次求和并非一劳永逸，而是设定有效期限的。

这次求和的有效期为七年！

第十一章　矛盾四伏

奴才互斗

学过哲学的人都知道，矛盾无处不在。

在宰相们斗得不亦乐乎的同时，李隆基的奴才们也在互斗，他们的互斗，激烈程度一点也不差。

互斗的主角是以王毛仲为首的家奴和以高力士为首的宦官，他们谁也不服谁。

斗争初期，王毛仲占据明显上风。

因为他养马有功。

李隆基刚继位时，全国牧马只有二十四万匹，这个数量远远少于唐朝巅峰期的七十万匹，无法应对将来的战争要求。

考虑再三，李隆基决定把养马的任务交给王毛仲，这个人他用起来放心。

这样王毛仲便当上了内外闲厩使，主管皇家内外的御马饲养。

当上内外闲厩使的王毛仲就如同《大闹天宫》里刚上任弼马温的孙悟空，干起来尽职尽责，与孙悟空不同的是，孙悟空只是三分钟热血，而王毛仲则是十几年如一日。

在王毛仲之前，内外闲厩使是一个肥缺，一年下来，从饲料上就能克扣大量钱财。王毛仲上任之后，兢兢业业，不做任何手脚，一年下来，同样多的经费，却能节余数万斛饲料，两相对比，王毛仲的廉洁有目共睹。

经过十几年的发展，到开元十三年泰山封禅时，全国牧马已经达到四十三万匹，牛和羊也具有同等规模。由此可见，王毛仲不仅养马，同时还养牛和羊。

泰山封禅时，王毛仲大大地出了一把风头，他把随行的数万匹牧马按照毛色编队，远远望上去，气势如云海，颜色似云锦，马山马海成为封禅时的一道独特风景。

眼看此景，李隆基大喜过望，他早就知道王毛仲能干，但没想到他这么能干，他当场决定给王毛仲重赏。

随即，王毛仲被任命为开府仪同三司，品级从一品。

开府仪同三司，看起来是个闲职，但象征着极高的恩宠，当年跟随李隆基的人，只有四人到了开府仪同三司的位置，王毛仲、姚崇、宋璟、王仁皎，除此之外，再无别人。

四人中，姚崇、宋璟是良相，王仁皎是李隆基的岳父，而王毛仲，原本只是家奴。

从此之后，王毛仲的势头更盛，他的势力范围不再局限于养马，甚至渗透进了禁军之中。

开元十七年，王毛仲与左龙武将军葛福顺成了亲家，王毛仲的女儿嫁给了葛福顺的儿子。

除了葛福顺，王毛仲在禁军中还有朋友，左监门将军唐地文，左武卫将军李守德，右威卫将军王景耀、高广济都是他的朋友。这些人中，李守德跟王毛仲一样，都曾经是李隆基的家奴，葛福顺则跟随李隆基参加过唐隆政变，他们都是李隆基信得过的人。

现在这些人聚集到一起，王毛仲的感觉便越来越好，不经意间，与高力士为首的宦官便发生了矛盾。

起因是双方都不买对方的账，因为他们的后台老板都是李隆基。

原本，太宗李世民规定，内侍省的宦官品级最高只能是正四品，这个规定一直被严格执行，即使武则天时代，也没有突破这个规定。规定在中宗李显时被突破，在李显的任用下，七品以上的宦官达到一千多人，不过三品宦官还很少，只有杨思勖等少数几个。

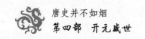

到了李隆基时代，宦官的好日子来了。在李隆基的任用下，很多宦官当上了三品官，李隆基甚至委任一些宦官当三品将军，而且允许他们家宅的门口插上长戟。

原本长戟是朝廷高官才有资格在门口插的，宦官本没有资格。这样一来，宦官在朝中的地位急剧攀升，各地官员也越来越重视宦官的能量。

宦官出使各地便受到了众星捧月的待遇，官员们不怕宦官来，就怕宦官不来，不怕宦官收礼，就怕宦官不收礼。如此一来，宦官到京外出一趟差，最少也能收一千贯，再少了，回来都不好意思交流经验了。

有了钱的宦官就不是一般的宦官了，京城的房屋、郊区的田园，一半都在宦官的名下。

如果说家奴方面，王毛仲是领袖，那么宦官方面，杨思勖和高力士则是领袖。不过杨思勖比较忙，他还得经常带兵打仗，因此负实际领导责任的是高力士，他不出差，只在李隆基身边待着。

时间一长，家奴和宦官的矛盾逐渐加深，因为彼此都会触及对方的势力范围，矛盾便这样累积下来。

王毛仲却不以为然，他从不把宦官放在眼里，级别小的宦官，他张嘴就骂，就跟骂他的马童一样。不过对于高力士，王毛仲还是有所顾忌，不敢胡来，毕竟高力士是皇帝身边的人。

王毛仲不针对高力士，并不意味着高力士不针对王毛仲，因为王毛仲所骂的宦官，跟高力士是一类人，高力士与他们同病相怜。

王毛仲无意中刺痛了高力士，虽然不是直接刺，但高力士感觉到了痛。

物伤其类。

误读高力士

一直以来，历史书中的高力士都是反面形象，其实都是误读，高力士是被他所在的群体拖了后腿。

高力士并不是一个弄权钻营的小人，而是一个有血有肉有情有义的大写的人。

原本，高力士不需要当太监；原本，他没有必要去过那不男不女的生活；原本，他有可能成为一个堂堂正正的朝廷命官。

一切的一切，在他十岁那一年发生了改变。

高力士本不姓高，也不叫力士，他本姓冯，叫冯元一，所在家族在岭南世代都有很大影响。

冯元一的祖上可以追溯到高凉太守冯宝，冯宝的妻子便是赫赫有名的南北朝岭南少数民族领袖冼夫人。

冼夫人不是汉人，而是俚族人，她勤劳朴实，聪明能干，而且善于带兵打仗，族里的人都愿意服从她的领导。随着中原政权的更迭，冼夫人所在的岭南地区先后归降了南梁、南陈和隋朝。同别人不同，归顺之后，冼夫人便一心一意，再无二心。相反，她还反过来帮助中央政权安抚岭南的少数民族。

冼夫人活了八十多岁，历经南梁、南陈、隋三朝，对中国的统一事业、岭南各民族的团结融合和经济文化的发展都有着卓越的贡献。她曾被陈朝封为石龙郡夫人，被隋朝封为宋康郡夫人，谯国夫人，当她于仁寿二年（602 年）逝世时，隋文帝杨坚追谥她为诚敬夫人。周恩来总理曾说，冼夫人是我国历史上第一位巾帼英雄。

冼夫人的第六代孙便是冯元一（高力士），而冯元一的父亲叫冯君衡，武则天当政时期担任潘州（今广东省高州市）刺史。

如果生活不出现意外的话，身为潘州刺史儿子的冯元一也很有可能走上仕途，像父亲一样成为朝廷命官。

然而，公元 693 年，高力士十岁那年，家里发生了惊天变故。

这一年，酷吏万国俊奉武则天之命来到岭南，意图是诛杀当地的流放犯人。

然而诛杀犯人是需要理由的，这难不倒万国俊，很快万国俊找到了理由：谋反。

"谋反"的帽子一扣，岭南的流放犯人逃无可逃，纷纷倒在万国俊的屠刀之下。

谁都没有想到，诛杀流放犯人并不能满足万国俊的胃口，他马上又把矛头指向了潘州刺史冯君衡，万国俊给冯君衡定的罪名是"参与谋反"。

那是一个酷吏当道的时代，冯君衡的罪名很快坐实，灾难就此向冯君衡一

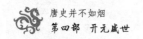

家扑去。

冯君衡被处斩，冯家被抄家，儿子冯元一、女儿冯媛全部被罚没成为奴隶，原本世代官宦人家，现在家园破碎。

不久，冯元一最悲惨的日子来了，他被阉割了。

五年后，冯元一和姐姐冯媛一起被当作礼物送往洛阳武则天的宫中。

从此时起，冯元一经在世上消失了，他的名字被改为"力士"，与他一起送进宫的另一位小太监被改名叫作"金刚"。这两个名字都是为了来讨好信佛的武则天。

聪明伶俐的力士很快得到了武则天的信任，便被留在了武则天身边。

力士的姐姐冯媛同样聪明伶俐，而且很有才华，擅长写诗，后人将她称为广东历史上第一位女诗人。

武则天很欣赏冯媛，打算把冯媛长留宫中，冯媛却不愿意。冯媛向武则天苦苦哀求，请求出家为尼，武则天最终答应了她，把她送到泰山庵堂落发修行。

从此，冯媛遁入空门。

后来她离开泰山庵堂，四处化缘修道，不知所终，力士有生之年再也没能看到自己的姐姐。

冯媛出家不久，力士栽了一个跟头，他因为小事得罪了武则天被痛打一顿，赶出宫中。

宦官高延福见他可怜，便把他收为养子，从此力士有了姓，高力士由此而来。

高延福原本出自武三思门下，因为这层关系，高力士便开始往来武三思府中，与武三思府中的上上下下都熟络了起来，其中便包括后来成为裴光庭夫人的武小姐（武三思的女儿）。

后来，在武三思的推荐下，高力士又回到了武则天身边，这一次他没有再犯错，而是凭借自己的机灵，赢得了武则天的信任。这时，高力士也已经长大成人，身高达到了六尺五寸，换算成现在的标准，应该是接近两米的个头。

时间走到中宗景龙年间，大个子高力士与临淄郡王李隆基有了接触。

在不多的接触中，李隆基对高力士印象深刻，并从此把这个人记在了心里。

唐隆政变之后，李隆基便把高力士要到自己的府中，就此开始了主仆一生的缘分。

同一般宦官出身寒微、不学无术不同，高力士却有良好的家庭教育，而且有胆有识，在李隆基与太平公主斗法的过程中，他也参与其中，还经常出谋划策。这些不同寻常的经历，为他赢得了李隆基一生的信任。

现在家奴王毛仲气焰熏天，高力士意识到，到了双方掰一掰手腕的时候了。

一击不中

长期的宫廷生活让高力士积累了丰富的斗争经验，他知道，要扳倒王毛仲就必须讲究技巧，而不能蛮干。

高力士决定找一个帮手，这个帮手不能是宦官，而应该是外廷的官员。

外廷官员独立于家奴和宦官之外，相当于第三方，他们的话，李隆基或许会听。

选来选去，高力士选定了一个人，这个人就是称姚崇为"救时宰相"的齐澣。经过多年奋斗，齐澣此时已经升任吏部侍郎。

高力士找到齐澣后，两人一拍即合，因为齐澣也看到了王毛仲的嚣张。

齐澣看到，王毛仲为李隆基所恩宠，言听计从，驻守皇宫北门的禁军将军多数依附王毛仲，很多人的升迁都由王毛仲包办。

其实，高力士和齐澣看到了王毛仲的嚣张，李隆基同样也看到了，政变起家的他，对于禁军，比谁都敏感。

带着高力士的嘱托，齐澣来到李隆基的身边，对李隆基说："葛福顺掌管禁军，是不应该跟王毛仲结为亲家的。王毛仲是小人，过于恩宠，可能就会作奸犯科。不早点处理的话，以后恐怕会成为祸患。况且委任心腹，何必一定就是王毛仲呢。高力士小心谨慎，又是宦官，在皇宫内使用其实更方便。"

李隆基回应说："朕知道你忠诚，容我好好想想吧！"

齐澣追了一句："君王如果不能保守秘密的话就会失去忠臣，臣子如果不能保守秘密就会丧失性命，事关重大，万望陛下保密。"

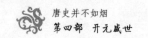

李隆基点了点头。

李隆基没有想到，他保守了秘密，齐澣自己却出问题了。

不久，齐澣出城给朋友麻察送行，麻察原本是大理丞，因事被贬为兴州别驾。

送行宴上，齐澣把麻察真的当成朋友，麻察却没有真的把齐澣当成朋友。

言谈之中，齐澣鬼使神差地把与李隆基的对话说了出来，说完之后，叮咛麻察千万别告诉别人。

麻察郑重点了点头。

不告诉别人，就告诉皇上。

齐澣就此栽了。

李隆基大怒，怒向齐澣说道："你担心朕不能保密，你自己却去跟麻察说，这就是你的保密吗？麻察素来没有德行，往日经常到太平公主的府上走动，你难道不知道吗？"

齐澣哑口无言，只能以磕头代替说话。

几天后，齐澣为自己的大嘴巴付出了代价，由吏部侍郎贬为高州良德（今广东省高州市）县丞，麻察也没讨着便宜，由兴州别驾贬为浔州皇化（今广西桂平市）县尉。

看来，告密有时也未必能讨到好处。

贬黜齐澣的同时，李隆基还不忘放一个烟雾弹，在贬黜齐澣的诏书上，他这样写道：齐澣、麻察交构将相，离间君臣。

这是一颗烟雾弹，专门为王毛仲释放的烟雾弹，李隆基要让王毛仲相信，君臣二人依然亲密无间。

王毛仲真的相信了，他并不知道，李隆基所说的"亲密无间"，有效期只剩下一年。

再击致命

在李隆基的烟雾弹下，王毛仲的错觉越来越强烈，他似乎已经忘记了自己的身份。

不久，他向李隆基提了一个要求：想当兵部尚书。

李隆基心中一凛，不过脸上并没有表现出来。

李隆基没有发作，找了个借口拒绝了王毛仲。

放在以前，被李隆基拒绝后，王毛仲便不会再提，就当事情没有发生过。而这一次不同了，王毛仲的脸色有些不满意。

随后几天，李隆基陆续接到奏报，王毛仲对没有当上兵部尚书有些不满。

李隆基的不满也随之升级，他意识到，这个家奴已经越来越不知道天高地厚了。

与此同时，高力士也没闲着，他一直在暗中观察。经过观察，他发现，尽管李隆基拒绝让王毛仲当兵部尚书，但对王毛仲还保持了恩宠，王毛仲的妻子生子之后，还曾经由王毛仲出面借用过皇家林苑的亭子纳凉，这可是天大的面子。

高力士知道，到现在为止，李隆基还不准备废掉王毛仲，这就需要再找一个机会，再烧一把火。

机会说来就来了。

三天后，高力士奉李隆基之命去给王毛仲新出生的儿子送礼物，礼物很丰富，有酒席饭菜还有金银绸缎，另外李隆基还任命这个新生儿为五品官。

高力士很快回来了，李隆基问道："怎么样，王毛仲高兴不？"

高力士意识到，机会来了。

高力士缓缓地说道："王毛仲高不高兴我不知道，我只看到，他抱着孩子对我说，这个孩子难道不配当三品官吗？"

一击致命。

李隆基听后，勃然大怒："当年诛杀韦氏时，此贼首鼠两端，我也没怪罪他，今天他居然敢因为一个小娃娃怨恨我！"高力士马上趁热打铁："北门那些奴才，官当得太大了，而且现在都穿一条裤子、一条心，不早点处置的话，恐生大患！"

高力士这句话说到了李隆基最敏感的地方，王毛仲危矣。

不过，事到如今，李隆基也有些顾忌，毕竟王毛仲跟禁军将领打成一片，如果贸然行动，恐怕酿成大祸。

这事还是要秘密来。

就在李隆基已经决定向王毛仲下手时，太原军器监少尹严挺之（对杜甫照顾有加的严武的父亲）奏报：王毛仲曾经向我们索要铠甲兵器。

这个奏报成为压死王毛仲的最后一棵稻草。

开元十九年正月十三日，李隆基下诏：

> 王毛仲行为不忠，对君王抱怨，贬为瀼州（今广西上思县）别驾；
>
> 左领军大将军葛福顺，贬为壁州员外别驾；
>
> 左监门将军唐地文，贬为振州员外别驾；
>
> 左武卫将军李守德，贬为严州员外别驾；
>
> 右威卫将军王景耀，贬为党州员外别驾；
>
> 右威卫将军高广济，贬为道州员外别驾。

与王毛仲一起被贬的还有他的四个儿子，他们全部被赶出京城。

这是最差的结局吗？不是，王毛仲已经难逃一死。

失落的王毛仲走到永州时，李隆基的新命令追上了他，赐死！

辛辛苦苦二十年，一夜回到出生前。

王毛仲倒了，以他为代表的家奴势力被一网打尽，与之相对，以高力士为首的宦官势力此消彼长，成为最得宠的一群人。

这时就需要说说李隆基的可怜了，他虽富有四海，但可以信任的人却屈指可数。

亲兄弟，信不过，他把他们一个一个养起来，供起来，培养出四个不世出的贵族；

亲儿子，信不过，以子逼父的事情历史上常有，他自己就曾经干过；

外戚，信不过，皇后的龙凤胎哥哥已经被他逼死了；

故交，信不过，姜皎已经在流放的路上死去了；

家奴，信不过，王毛仲就是最好的证明。

把身边所有接触到的人排查一遍，除了信任高力士，他还能信任谁？

自此，李隆基养成了对高力士的依赖，他说："高力士在外面值班，我才能睡得踏实。"

此后，高力士经常被李隆基留在宫中，很少去自己的外宅。

时间一长，规矩便形成了，全国各地来了奏表，一律先呈送高力士，然后由高力士呈送李隆基，事情较小的，高力士自己处理便可以了，不需再奏报李隆基。

这样一来，高力士更忙了，更是少有机会去自己的外宅。

或许有人会说，高力士反正也没有家，去不去外宅无所谓。

其实，高力士在长安有家，家中有老母麦氏，还有他的妻子吕女士。

一般而言，太监都不结婚，也就是找个宫女做伴，是为"对食"。高力士不同，他结婚了，娶的是瀛州人吕玄晤的女儿。这笔有勇气的投资很快得到了回报，吕玄晤本人被擢升为政府直属部副部长（少卿），吕家的子弟也当上了亲王的师傅。

有吕玄晤做榜样，朝中很多人迅速向高力士靠拢，金吾卫大将军程伯献（程咬金之孙）、少府监冯绍正是其中最典型的，他们没有机会给高力士当老丈人，便努力做了高力士的兄弟，"一奶同胞"的兄弟。

高力士姓高，这两位一位姓程，一位姓冯，如何做"一奶同胞"的兄弟呢？

主要看表现。

高力士母亲麦氏去世，给了两位兄弟机会。

程伯献和冯绍正以亲儿子的身份，披头散发接受各界朋友的吊唁，哭天喊地，歇斯底里，伤心程度甚至超过自己的至亲去世。

这一切，都是高力士的权势惹的祸。

不过，高力士这个人非常精明，尽管他有权势，但不滥用，始终保持着李隆基可以容忍的度，终其一生，他与李隆基的关系真正做到了亲密无间。

相比于后世权大欺君的宦官，高力士是货真价实的忠臣。

宰 相 出 缺

王毛仲与高力士的奴才内战结束，该说说外廷宰相的斗争了。

说来也怪，开元年间的宰相组合，除了姚崇的班子，宋璟的班子，其余的宰相班子从来都没有停止过争斗。

张说的班子里，张说和张嘉贞斗；

源乾曜的班子里，李元纮和杜暹斗。

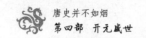

宇文融短短一百天的班子里，他既跟整个官场斗，还跟心属张说的裴光庭斗。

到了裴光庭和萧嵩搭班子，两人其实也斗，裴光庭提出的"论资排辈"法就遭到了萧嵩的强烈反对，最后还是李隆基支持，裴光庭才勉强推行了这套方法。

可见，要想宰相班子不斗，必须保持一强一弱的配置，比如姚崇和卢怀慎，宋璟和苏颋。

如果同时放两个有性格的人在宰相班子里，那就不是宰相班子了，而是斗鸡班。

时间走到开元二十一年三月，萧嵩和裴光庭的宰相班子终于和谐了，他们再也不斗了。

裴光庭于三月七日停止了呼吸，再也斗不了了。

在裴光庭身后，他的谥号遭遇了反复，起因是他推行的那套"论资排辈"法。

负责议定谥号的太常博士说："裴光庭用人只看资格，失去了奖励之道，因此他的谥号应该定为'克'。"谥法规定，爱民在刑为克，意思是道之以政，齐之以法，往好了理解，是循规蹈矩，往差了理解，是墨守成规。

裴光庭的儿子随即提出抗议，后来李隆基一锤定音，"忠献"，对于文官而言，算是美谥。

裴光庭之后，宰相班子只剩下萧嵩一人，由谁来和萧嵩搭班子提上了议事日程。

盯上相位空缺的人很多，其中一个便是李林甫。

李林甫在前面出过场，开元十四年弹劾张说时，他是三大主力之一。

不过李林甫的眼光比宇文融独到，在扳倒张说之后，他没有继续与宇文融并肩作战，而是巧妙地闪开了。事实证明，这一闪很关键，躲开了开元十五年李隆基对宇文融和崔隐甫的贬黜，如果不是及早闪开，李林甫恐怕也得栽跟头。

避开宇文融之后，李林甫的仕途越走越宽，先后担任刑部侍郎、吏部侍郎。

在吏部侍郎任上，他上下翻飞，公私兼顾，手腕不是一般的高明。

在一次官员审核任命中，宁王李宪找到了他，递给他一份十人名单，这十个人求到李宪那里，李宪不好拒绝，便列了十人名单来找李林甫。接过名单，李林甫扫了一眼，然后对李宪说："大王吩咐，下官自然照办。不过这十人中得挑出一人来，公开处理一下，以示公正。"

李宪很快圈出最不重要的一个，李林甫点头同意。

不久，其余九人全部得到了安置，唯独一人被通报：此人政绩尚可，然而请托宁王，意图走后门。为了保证公正，本期不予安排，下期视情况再定！

既徇私舞弊，又标榜公正，这就是李林甫的手腕。

吏部侍郎干了一段时间，李林甫又想进步了，他已经不满足于当吏部侍郎，他想当宰相。

然而，当宰相谈何容易，你李林甫只是一个吏部侍郎，既没有姚崇那样的宰相之才，也没有宋璟的刚正不阿，更没有张说的才华横溢，跟萧嵩的军功更是没法比，你靠什么当宰相呢？

李林甫考虑再三，他想到了，他可以表忠心。

很快，李林甫与想表忠心的对象接上了头，他对这个人说："愿护寿王为万岁计。"

没错，他表忠心的对象是武惠妃，这句话意思是说，愿意拥立寿王为太子，将来当皇帝。一句话让武惠妃对李林甫产生了好感，从此把这个人牢牢地记在心里。武惠妃知道李林甫在投机，但她不拒绝这样的投机，因为这会对她的儿子寿王有利。

走通了武惠妃这条线，李林甫并没有在家坐等，他同时启动了另一条隐藏多年的线：裴光庭的妻子武氏。原来，裴光庭的妻子武氏早与李林甫有旧情，裴光庭不知不觉之中已经戴了多年的绿帽子。

现在裴光庭归天，武氏心急了起来，不是为裴光庭，而是为李林甫，她要帮李林甫去填补丈夫留下的空缺。

武氏也启用了多年没有启用的线，高力士。

前面说过，高力士曾经多次前往武三思家中，跟武氏相当熟悉，现在武氏以裴光庭遗孀的身份找到他，请求他向李隆基推荐李林甫。

这时，高力士的政治素质显现出来，他机警地避开了，没有答应，因为他知道，宰相人选不是他可以推荐的。高力士这一避开，李林甫的宰相梦就只能

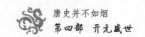
暂时搁置了，眼下武惠妃还不便替他说话，由此李林甫还得耐心等上一段时间。

在李林甫上蹿下跳的同时，萧嵩也在苦苦寻找。

因为这一次宰相出缺，李隆基没有直接指定人选，而是让萧嵩自己推荐。

有过与裴光庭搭班子的经历，萧嵩太知道一个好搭档的重要了，这次一定要找一个相对容易控制的，像卢怀慎、苏颋那种。

萧嵩第一个想到了右散骑常侍王丘，他和王丘是好友，他了解王丘的性格。

令萧嵩意外的是，王丘坚决拒绝了，可能是不想由朋友变成宰相同僚。

王丘转而推荐了一个人，尚书右丞韩休。萧嵩寻思了一下，印象中韩休性格恬淡，很少与人争名夺利，这个人或许是个合适人选。

就是他了！

萧嵩不会想到，他的这次推荐一方面给自己埋了个雷，一方面让李林甫钻了空子。

李林甫能钻空子，还是得益于他的人脉。

当任命韩休的诏书还在起草时，高力士第一时间得到了消息，他随即把消息传递给裴光庭的妻子武氏，武氏又将消息传递给李林甫，同时建议李林甫立刻去给韩休报喜，赚韩休一个人情。

听到李林甫的报喜，韩休果然对李林甫感激不尽，似乎推荐他当宰相的不是萧嵩，而是李林甫。

就这样，李林甫白赚一个人情，为自己将来的拜相埋下关键的伏笔。

开元二十一年三月十六日，李隆基任命韩休为黄门侍郎、同中书门下平章事，这样韩休便正式成为萧嵩的同事。

鞋合不合适，只有脚知道。

穿上韩休这双鞋后，萧嵩才发现，坏了，挤脚！

天下必肥

萧嵩之前被韩休的外表蒙蔽了，他看到韩休的恬淡只是表面，而骨子里，韩休是一个倔人，这一点有家族的遗传基因。

韩休的伯父叫韩大敏，武则天时期担任中书舍人。正赶上梁州都督李行褒被下属诬告，武则天便派韩大敏作为特使前去审理。

这时有人提醒韩大敏说："李行褒是李唐宗室子弟，太后想除掉他，此行你得仔细掂量，一旦违反了太后的旨意，就可能闯下大祸，你可得为自己考虑啊！"

韩大敏回应道："哪有为求自己平安就诬陷别人的？"

从梁州回来后，韩大敏如实奏报：李行褒无罪。

武则天看了韩大敏一眼，暂且按下不表。

不久，武则天又把李行褒的案子翻了出来，办成了铁案。

韩大敏倒霉了，他被认定为审案不力，与知反不告同罪，在家中被赐死！

这就是韩休的伯父，宁可自己遭祸，也不诬陷他人，骨子里有一股刚正不阿的劲。

韩休的骨子里同样有这样一股劲。

张说当中书令时，韩休正担任虢州刺史，在虢州刺史任上，韩休与张说有过一次交锋。

虢州正好位于长安和洛阳之间，无论李隆基在长安，还是在洛阳，虢州都是相对比较近的州。

如此一来，朝廷便经常向虢州征收饲料税，用于皇家御马饲养。时间长了，韩休受不了了，便向中书令张说要求：别再向虢州征饲料税了，还是平均分配给其他州吧。

张说自然不会同意，他反驳韩休说："如果单独免除虢州的税，就得转向其他州郡，你这个刺史只是为了自己向百姓显示恩惠而已，你的请求我不同意。"

眼看张说不批准，韩休便准备再次上奏，这时州里的官员劝道："再上奏可能就会冒犯宰相了！"韩休不为所动，说道："我身为刺史不能救百姓于困敝之中，还有什么脸当刺史。就算会因此冒犯宰相受到刑罚，我心甘情愿！"

执着的劲头跟他伯父一脉相承。

不久，京城传来消息，虢州的饲料税从此免征！

后来韩休辗转做到了尚书右丞，正是在尚书右丞任上，被萧嵩推荐为

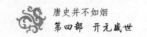

宰相。

上任宰相，韩休江山不改，刚正不阿的劲头变本加厉。

不久，韩休便跟李隆基唱了一个反调。

长安万年县尉李美玉犯了事，盛怒之下李隆基要把李美玉流放岭南。

令李隆基没有想到的是，这次流放居然被韩休顶回来。

韩休对李隆基说："李美玉只是小官，所犯的也不是大事，现在朝中有大奸，尚不能去，怎能舍大而取小呢。臣看到金吾卫大将军程伯献依仗陛下的恩宠，贪赃受贿，房子车马全都超出应有标准。臣建议先处理程伯献然后再处置李美玉。"

李隆基看了看韩休，没有同意。

韩休继续说道："李美玉犯小罪都不能容忍，程伯献犯那么大的事怎能不问责？陛下如果不处理程伯献，臣便不敢奉诏流放李美玉。"

坚持到最后，韩休还是把李美玉保了下来，不过程伯献他也没扳动，毕竟那是高力士的"一奶同胞"。

"李美玉事件"算是韩休的一个完美亮相，萧嵩对于他的这次亮相还比较满意。

然而，接下来萧嵩发现，自己找错人了。

韩休太倔了，倔得让人无法忍受。

每次萧嵩提出议案，韩休就会提出意见，而且会一直坚持，丝毫不给萧嵩面子，甚至在李隆基面前直接攻击萧嵩的议案，于是，李隆基又看见了两只"斗鸡"。

不过韩休的倔并不是没有道理，多数情况他是在坚持真理。老资格宰相宋璟在听说韩休的事后，感慨地说道："想不到韩休能如此坚持，真是仁者之勇。"

这是两个刚正不阿的人惺惺相惜。

时间一长，不光萧嵩怕了韩休，李隆基也怕了韩休，因为韩休的进谏，往往不留情面。

每次李隆基在宫中饮酒作乐，或者在皇家林苑中打猎，兴高采烈之余，都会不无担心地问一句："韩休不会知道吧？"

想什么偏来什么，往往李隆基问完这句话不久，韩休的劝谏就到了，几次下来，弄得李隆基有些郁闷。

有一次，在照镜子时，李隆基闷闷不乐，左右知道是因为韩休进谏的缘故，便对李隆基说："韩休当宰相以来，陛下比以往都瘦了，何不把他赶走呢！"

李隆基叹了一口气："我的容貌虽然瘦了，天下老百姓却会因此肥起来。萧嵩奏事经常顺着我，他退出之后，我寝食难安。韩休经常跟我争执，但他退出之后，我寝食都很好。我用韩休，是为社稷，不是为我自己！"

说这话时，李隆基四十八岁，颇有明君的胸怀。

这一刻如果能够定格该有多好！

然而，一个人年龄在变，胸怀随着年龄也在变。

双双罢相

就在韩休干劲十足的同时，萧嵩已经在考虑隐退了。

与韩休共事九个月来，萧嵩感觉到极大的压力，他没有想到这个看起来恬淡的人，一起共事竟是如此之难，不仅私下经常跟他唱反调，还经常在皇帝面前指责他的缺点，几次皇帝已经不高兴了，韩休还在自说自话。

唉，不共事，还真不知道彼此的脾气。

此时的萧嵩六十五岁，奋斗了一辈子的他想歇歇了。

如果换成别人，可能还会跟韩休继续斗，但萧嵩不准备斗了，因为没有意义。斗来斗去，大家打的都是七伤拳，伤了对方，也伤了自己。

萧嵩决定向李隆基请求退休。

李隆基说："朕并没有厌弃你，你为什么要走呢？"

萧嵩回答说："臣蒙受厚恩，当上宰相，富贵已经达到顶点。现在陛下还没有厌弃臣，所以臣还能从容退休。如果陛下已经厌弃臣了，性命尚且不保，又怎能得偿所愿？"

说完，萧嵩泪流满面。

李隆基也为之动容，便对萧嵩说："你先回去吧，容朕考虑考虑！"

话说到这个地步，李隆基其实已经准了萧嵩的退休申请，只是他还需要时间考虑一下宰相人选。李隆基又想到了韩休，这个人是不是跟萧嵩一起罢

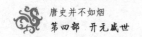

免呢?

考虑再三,李隆基决定罢免韩休,他不是不知道韩休的能力,但是跟韩休相处,他太累了。

试想,身为一国之君,谁愿意让一个道德先生天天在自己的面前说教?连一向有容人之量的太宗李世民都有忍受不了魏征的时候,因为说教多了,会让人难受。这就解释了,为什么多数皇帝喜欢小人,因为小人不讲原则,而君子太讲原则。不讲原则的小人,如同溃烂的堤坝,任由洪水肆意流淌,讲原则的君子,则如同完好的堤坝,要把洪水拦截在堤坝之中。

皇帝的欲望,正是那滔滔洪水。

开元二十一年十二月二十四日,李隆基下诏:

免去萧嵩宰相职务,改任尚书左丞;

免去韩休宰相职务,改任工部尚书;

任命京兆尹裴耀卿为黄门侍郎、同中书门下平章事;

任命张九龄为中书侍郎、同中书门下平章事。

诏书一下,开元天宝年间最后一个良相张九龄缓缓走来,良相时代即将结束。

卸任的萧嵩则继续着传奇,虽然后来一度遭到李林甫的打压,但总体而言生活悠哉乐哉,家财丰厚,地位崇高,闲云野鹤十几年后于天宝八年病逝,享年八十余岁。

在萧嵩身后,他的家族与宰相的缘分还在继续。

他的孙子萧复,德宗朝官拜宰相;

曾孙萧俛,大和年间官拜宰相;

曾孙萧仿,咸通年间官拜宰相。

萧嵩所在的萧氏一门,从贞观年间的萧瑀开始,前后八人出任唐朝宰相,由此萧氏一门有一个极为荣光的称呼,"八叶宰相"。

到此时,当年给他和陆象先相面人的预言全部实现,"陆郎十年内位极人臣,然不及萧郎一门尽贵,官位高而有寿"。

活神仙!

值得一提的是,虽然萧嵩和韩休都就此淡出了历史前台,但他们对唐朝后续的历史发展还有贡献。

在萧嵩的关照下，曾经的小吏牛仙客一直升迁到河西节度使，进而成为宰相。

相比萧嵩，韩休也不含糊，卸任之前，他郑重向李隆基推荐了心目中的宰相人选：李林甫。

一年后，李林甫拜相，与韩休的推荐不无关系！

第十二章 九龄时代

张九龄其人

开元二十一年一纸诏书，将"海上生明月，天涯共此时"的诗人张九龄推上了历史前台。

在前面章节张九龄有过出场，封禅泰山之后，张说大肆提拔亲信官员，张九龄就竭力规劝。后来张说与宇文融互斗，张九龄也曾经提醒，可惜，张说没有听进去。

张九龄，字子寿，一名博物，唐时曲江人，按照今天的行政规划，正宗韶关人。

张九龄是中国历史上第一个担任宰相的岭南人，有"当年唐室无双士，自古南天第一人"的美称。

张九龄原名不叫张九龄，而叫张九龄，这个名字背后有一个传奇故事。

张九龄的父亲张弘愈是个渔夫，常年以打鱼为生，有一天打鱼收网时，感觉捞到了大家伙，然而张弘愈用尽浑身力气，也没有把网拉上来。

这时天已经黑了，张弘愈决定先回家吃饭，吃完饭再回来收网。他顺手把渔网系到河边的树上，然后便回了家。

吃完饭，张弘愈拉着妻子一起来到河边，打算夫妻合力把渔网拉上来。

令张弘愈没想到的是，没等他动手，妻子轻轻一提，就把渔网收了上来，仔细一看，不得了，一条几十斤的九鲮鱼在网里待着呢。

张弘愈有些兴奋，自己入行以来还没有逮过这么大的鱼呢。

这时，妻子说话了："我看还是把它放了吧！"

张弘愈疑惑地看着妻子，妻子说："我感觉它在流眼泪。"

张弘愈看了九鲮鱼一眼，也产生了同样的感觉，如此大的九鲮鱼或许已经有了灵气，还是不伤害它为妙。张弘愈一抖渔网，九鲮鱼重回水中。

不久，张弘愈的妻子怀孕了，十月怀胎之后，便生下了一个男孩。

张弘愈的妻子抱起男孩一看，竟然有似曾相识的感觉，仔细一想，居然跟那条放生的九鲮鱼的眼睛有些相似，或许是九鲮鱼投胎报恩来了。

夫妻俩一商议，既然如此，那这个孩子就叫"九鲮"吧。

张九鲮由此而来。

张九鲮叫了一段时间，一个偶然的机会，张九鲮一家遇到了六祖慧能。慧能问过张九鲮名字后，说："九鲮是水生动物，再怎么蹦跶也上不了岸，不如改名叫九龄吧。九龄，久龄的谐音，将来能做大官。"

张弘愈夫妇一想，确实有道理，便把张九鲮的名字改为张九龄。

顺着这个思路，张九龄的三个弟弟也有了新名字，张九皋、张九章、张九宾。

上面的故事，来自民间传说，传奇的色彩重了一些，故事听起来很有味道，但有一个致命漏洞：六祖慧能其实不识字。

六祖慧能虽然是传世大师，但他不识字却是不争的事实，我们熟知的"菩提本无树，明镜亦非台，本来无一物，何处惹尘埃"，是慧能自己悟出来的，然后委托识字的人写出来的。试问，一个不识字的人还会指点张九龄父母将"鲮"改成"龄"吗？

在我看来，张九龄原来的名字叫张九鲮，符合渔夫之家的特点，而后来改名张九龄，可能出自文化人的指点。

类似的例子有很多，比如明朝万历首辅张居正。

张居正出生时，他的曾祖梦见月亮落到水塘里，一只白龟浮出水面，因而取名为张白圭。十二岁那年张白圭遇到了荆州知府李士翱，深得李士翱喜欢。李士翱觉得"白圭"这个名字不雅，便给他起了新名字"居正"，张居正由此而来。

同张居正一样，张九龄也是年少成名，十三岁那年，他投书干谒广州刺史王方庆，王方庆对他大为赏识，称赞道："此子必能致远。"

不久，张九龄遇到了他一生的贵人——张说。

当时的张说正处于人生的低谷，他因为不肯顺从张易之的意思诬陷魏元忠，因此被贬到岭南，张说与张九龄的人生第一次有了交集。初见张九龄，张说深深喜欢上了这个小神童，对他颇为欣赏。当时的张说没有想到，这个小神童居然与自己的一生有那么多渊源。

长大后的张九龄，一举考中进士，进入仕途，第一份工作是秘书省的校书郎。校书郎是基层文职官员，整天跟笔杆子打交道，这很对张九龄的胃口。

不久，更大的机会来了，太子李隆基面向天下招聘有用之人，跃跃欲试的张九龄也报了名。在这次考试中，张九龄凭借自己的独到见解脱颖而出，给李隆基留下了深刻印象，李隆基当场拍板，给张九龄定了最高级别的甲等。

随后，张九龄便升官了，由校书郎升任左拾遗，后来又升任左补阙。

时间进入开元十年，张九龄的好日子来了，他的伯乐张说又回长安当宰相了。

张说对张九龄非常器重，不仅与张九龄攀谈家族谱系（论本家），对张九龄的诗词也大加赞赏，张说对他的评价是，"后来词人称首也"。

物以类聚，英雄相惜，眼见张说如此抬举，张九龄便投入张说门下，这一投，便投出了仕途的阳光灿烂。

开元十年，张九龄做到了从六品的司勋员外郎。

开元十一年，在张说的提携下，张九龄当上了正五品的中书舍人，行政级别相当于现在的司局级。

时间走到开元十三年，张九龄跟随张说一起登上泰山顶峰，此时的张说已经登上了仕途巅峰，不经意中便有些飘飘然，他竟然利用泰山封禅的机会，大肆提拔自己的亲信。

对于张说的做法，张九龄有些担心，便提醒张说："官爵是天下公器，首先需要有德望，然后得有功劳，如果颠倒进退的次序，讽刺和诽谤就会随之而来。这次泰山封禅，千年一遇。然而多数有声望的高官都没有得到进一步升迁，一些小官却得到了机会。只怕诏书公布之后，会让天下失望。现在诏书还只是起草阶段，想改还来得及，但愿大人深思熟虑，免得将来后悔。"

张说不以为然，回应说："事情都定了，就算有议论，也不需担心！"

事实证明，张九龄的建议是正确的，可惜张说并没有听进去。

一年后，张说被宇文融等人扳倒，张九龄跟着倒霉。

中书舍人做不了了，改任太常少卿。

不久太常少卿也做不了了，张九龄被贬出长安，出任冀州刺史。

这一次张九龄拒绝了，因为他的母亲还在曲江（今广东省韶关市），如果他去冀州，离母亲太远了。

经过请求，张九龄又被委任为洪州（今江西省南昌市）都督，不久又转任桂州（今广西桂林市）都督兼岭南道按察使，这一回，总算离母亲近一些。

或许，张说注定是张九龄一辈子的伯乐，连他的去世，都能给张九龄带来机会。

开元十八年，燕国公张说病逝。

张说的病逝让李隆基想起了张说的种种好处，进而想到了张说生前说过的一些话。

李隆基记得，在张说担任集贤院院长时推荐过张九龄，说此人足以当集贤院学士，是一个合格的顾问。

李隆基就此想起了张九龄，他决定重用这个人。

这样，张九龄便从桂州都督离任，到长安出任秘书少监、集贤院学士、集贤院院长。

李隆基如此安排是有深意的，他因为张说想起了张九龄，然后又让张九龄承担起张说当宰相时的部分职务，这说明李隆基准备把张九龄当成张说的替身。换句话说，从此时起，李隆基已经把张九龄当成宰相苗子培养了。

不久，张九龄又遇到了一个机会。

李隆基准备给渤海国下一道奏疏，奏疏要用汉语和渤海国语两种文字，然而问题来了，没有人懂渤海国的语言。

李隆基想起了张九龄，他或许会！

张九龄没有辜负李隆基的期望，他果然会，一会儿的工夫，便完成了诏书，这让李隆基对他更加刮目相看。

此后，张九龄的仕途越走越宽，历任工部侍郎、中书侍郎。

在中书侍郎任上，张九龄遭遇了人生一大痛事：母亲去世。

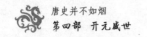

张九龄回乡为母亲守丧，本来准备为母亲守丧三年，不想，开元二十一年的诏书把他推上了历史前台。

九龄拜相

开元二十二年正月，张九龄从曲江出发抵达洛阳，在这里他见到了东巡于此的李隆基。

按照张九龄本人的意思，他想完成为母亲的守丧，然而李隆基并不同意，国家正是用人之际，哪能让你张九龄完完整整地守丧三年呢？

不行，你必须出来当宰相。

是为"夺情"。

眼看李隆基如此重用，张九龄不好再推辞，只能收拾起伤痛的心情，全身心地投入到为人民服务中去。

四个月后，张九龄的宰相班子配齐了，还是三人。

中书令张九龄；

侍中裴耀卿；

礼部尚书同中书门下三品李林甫。

野心家李林甫终于如愿以偿。

如果说别人当上宰相都有些意外惊喜，那么李林甫则是望眼欲穿很多年了。

这些年他一直在努力，他不仅巴结宦官，还巴结宫中嫔妃的家人。经过努力，他已经织成了一张庞大的关系网，这张关系网上的所有人都是他的眼线。

通过这张关系网，李林甫对李隆基的喜好以及一举一动了如指掌，他并没有偷窥癖，他只是想更好地了解李隆基。一番努力下来，果然奏效，他完全掌握了李隆基的心理，他所做的每一件事都能保证李隆基满意，由此，在李隆基心中的地位也日渐提高。

与此同时，李林甫也没有放弃"夫人路线"，宫中正当红的武惠妃是他常年表忠心的对象，忠心三番五次表过之后，武惠妃便认定了李林甫，她决定帮李林甫吹吹枕边风。

如果放在以前，夫人路线是不管用的，不仅不管用，还有可能起反作用。

然而现在不同了，因为李隆基已经不再是当年那个刚登基的李隆基。

开元二十二年的李隆基四十九岁，肉身还是以前的，但灵魂已经随着岁月的改变而改变了。

以前的他，励精图治，以天下苍生为己任，现在的他，有些懈怠了，毕竟已经当了二十年皇帝，总是绷着，约束自己的欲望，是一件很痛苦的事情。

李隆基在悄悄改变，武惠妃察觉到了，于是她在适当的机会推荐了李林甫。

李隆基在脑海中思索了一下，一直以来他对李林甫的印象非常好，而且前任宰相韩休还推荐过他，或许，他是个不错人选。

就此，李隆基把李林甫推上了前台，与张九龄、裴耀卿组成了新一任宰相班子。

这个宰相班子，以张九龄为主，裴耀卿和李林甫为辅，李林甫因为是后来的，因此算第三宰相。

此时的张九龄并没有意识到，自己将遭遇一个怎样的敌手，就算他和裴耀卿绑到一起，都不是李林甫的对手。

人各有所长，张九龄是文学大家，裴耀卿行政、军事都是高手，李林甫似乎什么都不是，但他在一个领域无人能敌。

他是吏术高手。

当然，刚刚当上宰相的李林甫很低调，他知道自己的当务之急是站稳脚跟，在站稳脚跟之前，还是让张九龄去唱主角吧。

张守珪拜相？

在张九龄拜相的同时，幽州地面上，一位名将也在书写着自己的传奇。

这位名将便是安禄山的伯乐张守珪。

张守珪声名鹊起是在瓜州刺史任上，经过他的治理，瓜州迅速从战乱中恢复，瓜州也由此升级为都督府，张守珪成为第一任瓜州都督。

以瓜州都督为跳板，张守珪又升任陇右节度使，在吐蕃与唐签订和平条约之后，西线平静下来，李隆基便把张守珪调到了形势更吃紧的北线——幽州（今北京一带），出任幽州长史。

在这里，张守珪面对的是契丹和奚部落。

契丹和奚部落在边境作乱已经很多年，历任幽州长史都不能平息，就连薛仁贵的儿子薛楚玉也无能为力，现在重担落到了张守珪肩上。

张守珪知道，契丹王李屈烈现在只是一个傀儡，真正的大权掌握在衙官可突干手里，这是一个强人，对这个强人必须狠狠打击。张守珪到任，一改以往的防守战略，频频主动出击，这一下让可突干有点受不了了。

以往都是可突干进攻，唐军防守，所以可突干占据主动；现在张守珪先下手为强，频频主动出击，可突干疲于应付，形势便有些被动了。

可突干决定改变战略，他派出使节，向张守珪投降。

诈降！

可突干低估了张守珪，张守珪一眼便看出了可突干的诈降，但是他接受了。

他准备假戏真做，因为他知道契丹部落并非铁板一块，这里面有文章可做。

张守珪派出自己的管记（副参谋长）王悔前去受降，同时见机行事。

王悔到了契丹王李屈烈的大帐，他发现了契丹人对他的虚与委蛇，言谈之间还带着一丝傲慢，看得出并不是真的想投降。王悔同时注意到，一部分契丹人的帐篷正在向西北移动，这跟大唐正好是反方向，这表明，契丹人确实在诈降。

不久，王悔又得到一个惊人的消息，契丹人正在跟东突厥联系，准备联手东突厥把他杀掉，然后叛乱。

王悔知道不能再等了，他必须马上行动。

然而，出使契丹，王悔的人马寥寥，就算他想行动又拿什么跟契丹人拼呢？

用契丹人拼契丹人！

出使之前，张守珪和王悔已经研究了对策，这次假戏真做，关键在于策反契丹内部反对可突干的人，让这些人与可突干内斗，唐军就能渔翁得利。

很快，王悔拜会了"假戏真做"计划的关键人物——李过折。

李过折是契丹部落的另一名衙官，手里也掌握着一部分兵权，因为权力争夺，跟可突干有着很深的矛盾，张守珪要做的文章，就在此人身上。

一番游说，李过折动了心，毕竟没有人能拒绝权力的诱惑。

当夜，李过折率领所部人马，突袭契丹王李屈烈、衙官可突干的营帐，李屈烈和可突干死于乱军之中，当晚的月亮，是他们看到的最后一次月亮。

随后，李过折率领契丹所有人马向唐朝投降，双方各取所需。唐朝要的是契丹人投降的姿态，李过折要的是契丹内部的实际统治权，这是一笔公平交易。

胜利的消息很快传到了李隆基驾幸的洛阳，与消息一起传来的还有李屈烈和可突干的人头，李隆基想这两个人已经很久了。

心中欢喜的李隆基下令将李屈烈和可突干的人头挂到洛阳城南洛水桥上，以展示大唐的军威。

与此同时，李隆基的心中又萌生了一个念头，他想给张守珪一个宰相名分。

李隆基没有想到，这个提议居然遭到了张九龄的强烈反对。

张九龄说：“宰相，代表天子处理国事，不是赏赐功臣的官职。”

李隆基试着问道：“只是给他名分，不让他担任实际职务，这样可不可以？”

张九龄回应说：“不可！只有名分和官位是不能随便给人的，这是皇帝的责任所在。张守珪打败一个契丹，陛下就任命他为宰相，如果他把奚和东突厥都灭了，陛下拿什么官赏赐他呢？”

张九龄把话说到这个地步，李隆基便不好再说什么，只能在心中按下了让张守珪当宰相的念头。

对于这个结果，李隆基是遗憾的，因为给有功的大将宰相名分早有先例，薛仁贵的儿子薛讷就曾经因为战功被授予同中书门下三品，有过战功的王晙也曾经兼任过宰相。李隆基张罗着给张守珪宰相名分，其实是在延续惯例，没想到，这个惯例在张九龄这里碰了钉子。

几个月后，张守珪到洛阳呈送捷报，李隆基擢升他为右羽林大将军兼御史大夫，算是对他打败契丹的回报。

张守珪拜相事件便这样过去了，看起来张九龄占了上风，驳斥得李隆基哑

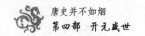
口无言。

实际上,张九龄输了,他高估了李隆基的肚量,因为此时的李隆基已经不习惯宰相对他针锋相对了,要不然,他也不需要赶走韩休。

坚持原则是张九龄一生的优点,同时也是一生最大的缺点。

跟皇帝坚持原则?

得看时机,得看皇帝的年龄!

法 与 情

张九龄到底是怎样一个人?

或许是两位名相的复合体,宋璟加张说。

他既有宋璟的刚正不阿,又有张说的才华横溢和人文情怀。

在一起特殊案件上,张九龄的人文情怀展示得淋漓尽致。

开元十九年,巂州都督张审素被人举报,罪名是贪赃枉法。

监察御史杨汪受李隆基委派前去调查,没想到这次调查居然引起了一场轩然大波。

杨汪一出现,便被张审素的部下总管董元礼率领七百士兵团团围住,并且当着杨汪的面,董元礼格杀了举报者。

董元礼对杨汪说:"在奏疏上给张审素美言你就可以活,不然就得死!"

杨汪被吓住了,他不知道该如何回答。

就在这时,杨汪的救兵到了,激战之后,董元礼等人被格杀。

这以后,杨汪便上了一道奏疏:张审素谋反。

不久,张审素被斩首,全家被罚没,两个幼小的儿子也被发配岭南,仇恨的种子也在两个孩子心中发芽。

公平地说,杨汪在这次事件中做得有些过分,张审素的部下逼迫他,但并不意味着张审素背后指使,即使指使,也未必是存心谋反。杨汪不分青红皂白地给张审素扣上了谋反的帽子,这就是简单思维了。

这个简单思维葬送了张审素,也葬送了他自己。

开元二十三年,张审素的两个儿子张瑝、张琇从岭南逃回进入洛阳,开始了复仇之旅。

三月十一日，两人在洛阳与杨汪仇人相见，将之格杀。

杀死杨汪之后，张瑝、张琇把一份奏疏系在一把斧头上，并且留在现场，在奏疏上详细申诉父亲张审素的冤情。

他们不仅要为父复仇，还要为父申冤，尽管这样会直接暴露他们的身份。

杀完杨汪，哥俩还有下一步计划，准备去长江以南找当年杨汪的帮凶报仇。走到半路，哥儿俩被抓获了，他们的申冤奏疏暴露了他们的身份。

张瑝、张琇落网之后，顿时引起了轰动，舆论居然是一边倒：

他们的父亲冤死，这两个孩子年纪轻轻就能舍身为父报仇，应该宽恕。

案件报到三位宰相那里，三位宰相发生了分歧，张九龄同情张氏兄弟，肯定他们的忠孝，打算把他们救下来，裴耀卿和李林甫却不同意，他们认为这样会破坏法律。

法大，还是情大，皮球踢到了李隆基那里。

李隆基站到了裴耀卿和李林甫一边，身为皇帝，他得维护法律尊严，如果连他都不维护了，法律的尊严谁来维护。

李隆基对张九龄说："孝子心情可以理解，为了复仇不顾自己的生死。然而毕竟他们杀了人，如果赦免，就会起到很坏的效果。"

最终，张瑝、张琇被判乱棒打死。

在张瑝、张琇的身后，奇特的场景出现了：百姓纷纷为他们撰写悼念文章，并贴遍了大街小巷。他们凑钱把张氏兄弟入殓下葬于洛阳北邙山上。为了防止杨汪的家人挖掘，他们甚至在一个地方连造了数个疑冢，让张氏兄弟享受了曹操的待遇。

张氏兄弟杀人案就此画上句号，张九龄的人文情怀也在这个过程中有所展现。在他的心中，伦理道德占据上风，孝占极大位置，甚至为了孝，他赞成血亲复仇。

赞成血亲复仇的并不只张九龄一个，杜甫也是其中的一个。

因为他的家族就有血亲复仇的案例。

杜甫的祖父叫杜审言，是武则天时期的高官，由于杜审言恃才傲物，便被排挤到江西吉安出任司户参军。

在司户参军任上杜审言依然不消停，同事关系一塌糊涂，司马周季重和司

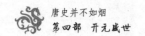
户郭若讷索性捏造了一个罪名安在他的头上，这样他就被打入大牢，不日将被处斩。

在杜审言被打入大牢后不久，杜审言的次子杜并来了，这一年杜并刚刚十三岁。

杜并名义上是替父亲求情，实际另有打算。当周季重还在漫不经心应付杜并时，杜并迅速抽出了藏在袖中的利刃，对着周季重连捅数刀，周季重当场倒在血泊之中。为父报仇的杜并当然也没有好结局，他被周季重的随从当场打死，结束了自己轰轰烈烈的一生。

弥留之际，周季重说了一句话："早知道杜审言有这样的孝子，我怎么也不会去惹杜审言了！"

后来，杜甫长大成人，他不以这件事为耻，相反他以他是杜并的侄子为荣。

在这一点上，张九龄和杜甫不谋而合。

或许，因为他们都是诗人，骨子里有一种别人无法理解的情怀。

第三只眼

作为一代名相，张九龄不仅是文学大家，而且风度翩翩，而且品格高尚，更让人信服的是，他居然具有预见未来的第三只眼。

他一眼看透了安禄山。

安禄山，营州（今辽宁省朝阳市）柳城的胡人，本不姓安，而姓康。

安禄山的母亲阿史德是一名巫师，居住在东突厥汗国，与丈夫结婚几年还没有孩子，便前往轧荦山进行祈祷。轧荦山是突厥的神山，传说是斗战神的化身，安禄山的母亲到那里祈祷，便是希望得到神的保佑。

可能是得到了神的保佑，不久，安禄山的母亲怀孕了，大约十个月后，安禄山出生了。

安禄山出生时，灵异现象出现了。

有一道光冲出他所在的帐篷直刺苍穹，野兽顿时跟着号叫，似乎在迎接一个新狼王的诞生。擅长望气的人看到这一幕后，不禁感叹，这是祥瑞，这个帐篷将出贵人。

灵异现象之后，危机随之来临。

得到消息的范阳节度使张仁愿来了，他是来斩草除根的，然而任凭张仁愿把帐篷里里外外搜了个遍，还是没有找到安禄山，张仁愿只能作罢。

经历了这一场虚惊，安禄山的母亲认定这不是一个普通婴儿，于是便给安禄山起了一个响亮的名字：轧荦山（斗战神化身）。

从此，你就叫康轧荦山，你就是战神的化身。

以上是关于安禄山出生前后的记载，有点神乎其神，按照我的推测，其中演绎的成分多了一些，我权且一写，你权且一看。

尽管安禄山一出生便与众不同，但他的童年还是很苦的，在他很小的时候，父亲便去世了，不久，安禄山便跟随母亲改嫁到突厥人安延偃家。

时间走到开元初年，安延偃所在的突厥部落也破落了，没有办法便前去投奔唐朝。投奔路上，遇到了唐朝将军安道买的儿子，因为这个缘故，安延偃一家便住进了安道买家。

由于安延偃和安道买都姓安，因此便让两家的子弟互认为兄弟，也就是在这个时候，康轧荦山改姓为安，并更名为禄山，安禄山由此而来。

渐渐地，安禄山长大了，并找到了一份职业：互市牙郎。

安禄山所在的地区，多民族聚集，多民族间贸易往来非常频繁，不过在贸易往来之中，一个难题很难解决：彼此间语言不通。

安禄山出现后，所有难题迎刃而解，因为他是复合型人才，他懂六种番语，放在现在，相当于六门外语。靠着语言的优势，再加上他足智多谋、善解人意，他的互市牙郎当得还不错，日子过得相当滋润。

然而滋润的日子没过几年，安禄山栽了。

栽在一只羊身上。

安禄山一时性起，偷了一只羊，结果被人发现报了官，这下问题严重了。

此时管辖安禄山所在地区的是幽州节度使张守珪，张守珪严格执法，准备将安禄山杀鸡儆猴，一刀两断。

如果这一刀砍下去，或许就没有后面的"安史之乱"了。

明晃晃的大刀片已经举了起来，留给安禄山的时间数以秒计。

这时安禄山大呼一声："大人难道不想消灭奚和契丹吗？那么又为什么要

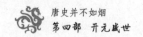

杀我这样的壮士呢？"

不知是模仿还是巧合，安禄山这声大呼的背景以及语法结构，跟历史上的两位名人如出一辙，一位是韩信，一位是唐朝名将李靖。

韩信临近被斩，大喊一声，改变了自己的命运，后来成为汉朝开国名将；

李靖临近被斩，大喊一声，改变了自己的命运，后来成为有唐一代名将。

那么安禄山这声大喊呢？

这声大喊引起了幽州节度使张守珪的注意。

张守珪闻言，仔细打量了一下安禄山，他发现此人身材魁梧，皮肤白皙，相貌不凡，而且又是胡人，懂得六门外语，或许真是个人才。

不妨便把这个人才留下吧。

这一留便留出了千古祸害。

在这之后，安禄山就与自己发小史思明一起，成为张守珪手下的捉生将（类似于侦察排排长）。

史思明，名字听起来像汉人，实际也不是汉人，而是突厥人的后代。

史思明原名史崒干，"思明"是他发达以后，皇帝李隆基赐的名。

相比于安禄山的相貌不凡，史思明就没脸见人了。

他骨瘦如柴，鸡胸，驼背，眼睛突出，鼻子歪斜，头发稀少，明白人知道这是孩子长得难看，不明白的还以为是史前人类，或者是浓缩版的阿凡达人。然而，名人马云有一句名言：男人的智商与相貌，往往成反比。这句话适用于马云，同样适用于史思明。

长相歪瓜裂枣的史思明，智商超出常人数倍。

史思明之所以是安禄山的发小，因为两人从小是邻居，巧合的是，史思明比安禄山早出生一天。

长大后，一个掌握六门外语，一个高智商，两人便当上了互市牙郎，凭借着自己的语言优势混口饭吃。然而，好景都不长，安禄山因为偷羊栽了一个跟头，史思明则因为欠政府的钱不还被迫远走他乡，流落到奚部落。

没想到，一进入奚部落，史思明就被巡逻的骑兵当作奸细抓住了，按照规矩，杀无赦。

高智商的史思明马上开动自己的大脑，瞎话张嘴就来："我是大唐使臣（有长你那样的使臣吗？），如果大唐听说你们杀了大唐使臣，对你们国家没好处，不如带我去见你们大王，如果你们大王留下我，自然就少不了你的功劳。"

巡逻的骑兵智商也不高，一下子就被史思明给忽悠住了，便领着史思明来见奚王。

见到奚王，史思明依然摆着"唐朝使节"的谱，故意不拜，嘴中振振有词："天子使节见到小国国君不必参拜，这是礼数规定的。"

奚王顿时大怒，然而转念一想，礼仪中确实有这样的规定。

再看史思明，奚王有点怀疑自己的眼睛，唐朝没人了？派这么一个歪瓜裂枣的家伙。

再转念一想，或许唐朝天子不以貌取人，眼前这人没准还真是使节，那可得罪不起。

不怕一万，就怕万一，就当他是唐朝使节吧。

这样，欠款不还的史思明便被当成了唐朝使节，在奚部落结结实实过了一把使节瘾。

临近告别，奚王准备派一百人跟随史思明前往唐朝朝见，史思明马上意识到，这是自己的一个机会，他要利用这个机会为自己赚一个向政府表功的投名状。

史思明知道，奚部落里有一个能人正担任琐高（奚部落的高级官员），此人非常有名，唐朝很多官员知道他的名字，如果把此人诈进陷阱，就将是自己的投名状。

史思明便对奚王说："跟随我入朝的人虽多，但没有一个配朝见天子的，唯有琐高，可以与我一同前往。"

奚王哪里知道史思明的算盘，一挥手，琐高就加入了奚部落使节团。

使节团一行三百多人，来到了平卢城（今辽宁省朝阳市），临近进城，史思明说，你们先等候一下，容我进去通报。进城之后，史思明便对平卢守将说："这次奚部落来了好几百人，名义是入朝进见，实际是想偷袭平卢城，请大人提前做好准备。"

一眨眼的工夫，史思明就把三百多人的使节团给卖了。

接下来就是鸿门宴的俗套了，奚部落三百余人遭遇伏击，除名声在外的琐高外，其余人等有来无回，他们全都成了史思明的投名状。

经此一战，史思明今非昔比，幽州节度使张守珪接到汇报，对这个其貌不

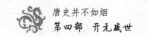

扬的家伙产生了兴趣，一高兴，便把史思明收入帐下，与安禄山一起出任捉生将。

至此，"安史之乱"的两大主角闪亮登场，他们的伯乐都是张守珪。

事实证明，张守珪的眼光很准，他所提拔的史思明和安禄山都没有辜负他的期望，尤其是安禄山。

安禄山不仅精通六门外语，而且对辖区的地理环境非常熟悉，凭借着对地形的熟悉，他创造了以五名骑兵生擒契丹数十人的经典战例。之后，张守珪有意给安禄山创造机会，又给他增加了一部分兵力，结果安禄山再接再厉，战果不断。

凭借战功，安禄山被擢升为偏将，而安禄山与张守珪的关系也越走越近。

安禄山是一个有心计的人，他知道张守珪对自己人生的重要性，因此他处处赔着小心，以博取张守珪的信任。安禄山知道张守珪嫌自己胖，于是他便控制自己的食量，在张守珪的手下，他从来没吃饱过，不是饭不够吃，而是有饭不敢吃，怕胖！

在安禄山的苦心经营下，安禄山和张守珪的关系更进一层，两人到了可以一起洗脚的地步。

安禄山给张守珪洗。

安禄山第一次给张守珪洗脚，便对着张守珪脚下的痦子发愣，张守珪一看，胡人果然没见过世面，连痦子都不认识。

张守珪说："这是痦子，据说长痦子的人都有富贵命。"

安禄山嘿嘿一乐："大人说的是真的吗？末将脚底全是！"

要了老命了。

就这样，安禄山和张守珪的关系越走越近，最后一步到位，两人升级为父子关系：安禄山认张守珪为干爹。有了这层父子关系，安禄山的仕途就被装上了螺旋桨，一路直升，从偏将一直升迁到平卢兵马使、幽州节度副使（节度使副手）。

开元二十二年（一说开元二十四年），一直顺风顺水的安禄山遇到了一道生死坎。

这一年，安禄山奉张守珪命令出击奚部落和契丹部落，本想借此建立战功，没想到却因为轻敌冒进，遭到一场惨败。

安禄山得对这场惨败负责，按律当斩。

安禄山到了生死关头，张守珪坐立不安。

按照军法，安禄山必死无疑，然而张守珪却舍不得，因为他知道安禄山的能力，这么有能力的一员大将就这么杀了，太可惜了。

张守珪不甘心，他想作最后的努力。

张守珪命人将安禄山押解长安，安禄山是死是活，由李隆基亲自决定。

这次押解是张守珪使出的胜负手，同时也增加了安禄山的活命概率。如果继续留在幽州，安禄山必死无疑，而到了长安，安禄山是生是死各有一半可能，活命概率达到了百分之五十。

一度，张守珪失算了，因为安禄山面对的宰相是张九龄。

这是安禄山与张九龄的第一次面对面，也是两人人生中的唯一一次，这次面对面，让张九龄一眼看透了安禄山。

张九龄在处理意见栏上写上了自己的处理意见：杀！

张九龄随后写道：

"昔日，田穰苴诛杀庄贾，孙武斩宫嫔，都是为了保证军令畅通，张守珪军令如果要保证畅通，安禄山就不能免死。"

遗憾的是，张九龄的真知灼见并没有得到李隆基的认可。

一直以来，李隆基在张守珪的奏章里屡屡看到安禄山的战功，在他眼中，这是一个有才干的将领，仅仅因为一次战败就处死，他舍不得。

李隆基给出了自己的意见：免死，但免除官位，以白丁身份代理现有职务。

说白了，给安禄山一个立功赎罪的机会。

这下，张九龄不干了，他争执道："安禄山违反军令导致军队覆没，按照军法不可不诛。况且臣观察他的容貌中有反相，不杀必为后患！"

张九龄说完这话，李隆基便到了一个生死攸关的临界点，这个临界点决定了他一生的命运，就看他能不能抓住。

遗憾的是，李隆基没有抓住，千载难逢的机会便在他手边溜走，这一错过就是一辈子。

李隆基回应说："卿勿以王夷甫识石勒，枉害忠良。"

李隆基的意思是说，你张九龄不要拿"王夷甫识石勒"说事，那会枉害

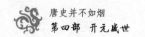
忠良。

"王夷甫识石勒"说的是慧眼识珠的故事。

王夷甫（王衍）是西晋的宰相，在石勒还是少年的时候，两人曾有一次偶遇，王夷甫一看石勒的面相便大吃一惊：将来乱天下者必是此人！

为了将祸患消灭在萌芽之中，王夷甫派人去抓石勒，然而没能抓到，石勒已经消失得无影无踪。

后来，石勒果然造反，建立了"后赵"国，大规模入侵中原，导致西晋亡国。值得一提的是，"慧眼识珠"的王夷甫也落入了石勒的手中，此时他不再宣称"石勒将乱天下"，而是反过头来向石勒献媚，劝他早日称帝。石勒对这个以清谈闻名的高官并不感冒，他把王夷甫关到一个石屋里，他打心眼里烦这个人。

半夜，石屋被人推倒，那个有着惊人远见的王夷甫便无声无息地从世间消失了。

由王夷甫延伸一下，其实在王夷甫慧眼识石勒之前，他也曾被人"慧眼识珠"，这个人就是三国后期的名将羊祜。

年轻时的王夷甫非常健谈，寻常人根本不是他的对手，因此很多人高看他一眼，认为他的将来不可限量，然而名将羊祜却摇摇头："将来误天下的必是此人！"

后来的事实不幸被羊祜言中，侃侃而谈登上高位的王夷甫成天以清谈为荣，于国无益，最终导致了西晋的亡国。当然西晋亡国原因有很多，不能把责任都推到王夷甫身上，但他身为宰相，成天清谈，误国不浅。

回过头再来说张九龄这次慧眼识珠，他跟王夷甫、羊祜一样，都有着精准的预言，并因为他们的预言被后世推崇不已。

这时要说说一个人的面相，一个人的面相里真的包含着未来的命运吗？为什么古往今来，神乎其神的相面史不绝书？

在我看来，相面其实是一个系统工程，是对一个人的综合判断。

羊祜、王夷甫、张九龄之所以能断定对方将来"误天下""乱天下"，或许是因为他们本身了解对方的能力，又从面相上看出了对方的性格，进而得出了神乎其神的判断。

也就是说张九龄了解安禄山的能力，但同时从面相上看出了安禄山的性格以及若隐若现的野心，因此得出"此人将乱天下"的结论。

这个结论原本只是一个模糊判断，然而却不幸言中。

张九龄个人之大幸，同时也是大唐王朝之大不幸！

渐行渐远

如同夫妻一样，张九龄与李隆基合作初期也充满甜蜜。在那段甜蜜的日子里，张九龄就是李隆基眼中的西施，无论是风度，还是文章，李隆基认定，张九龄天下无双。

张九龄身体瘦弱，但依然风度翩翩，异于众人，于是李隆基经常对左右说："朕每见九龄，使我精神顿生。"

张九龄在保持翩翩风度的同时，还引领着时尚的潮流。

在张九龄之前，官员们上朝都是直接手拿笏板，退朝回家则是将笏板插在腰带上，然后翻身上马，久而久之成习惯。

张九龄就任宰相后，习惯渐渐发生了改变。

因为张九龄身体瘦弱，腰里插着笏板他上不去马，于是他想了一个折中的办法，制作了一个笏囊，专门用来装笏板。上朝的时候，张九龄夹着笏囊上朝，退朝以后，他把笏囊交给等候在外的仆人，然后自己翻身上马，彻底解决了腰中有板上不去马的窘况。

本来这只是张九龄个人的讨巧，没想到，久而久之则成了时尚。

从此之后，笏囊开始流行，早期的公文包就此诞生。

除了风度，张九龄的文章也是天下无双，这不是我说的，而是李隆基说的。

李隆基经常对侍臣曰："九龄文章，自有唐名公皆弗如也。朕终身师之，不得其一二，此人真文场之元帅也。"

然而，对于李隆基的评价，也有人不同意。

谁？

张九龄。

因为张九龄有自己的偶像——曾与宋璟搭班子的苏颋。

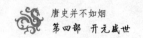

张九龄经常看苏颋的文章，他对苏颋的评价是："苏生之俊瞻无敌，真文之雄帅也。"

这样一来，到底谁是天下文帅就说不清楚了，只能模糊定义：两人都挺帅。

除了风度、文章，张九龄还有一样本事别人没法比，那就是口才。

李隆基在勤政务本楼用七宝装饰成一座小山，这座小山海拔相当高，足足有七尺。

其实，这座七尺小山重在象征意义，而不在海拔。每次李隆基召集学士们讲解经旨以及时事，都会要求与会的学士相互辩论，辩论的最后胜者，就坐上这座高七尺的小山，象征着高高在上，已无对手。

而每一次，登上这座小山的都是同一张面孔——张九龄。

由于张九龄善于辩论，每次与人谈论经旨都是滔滔不绝，如同下坡走丸，时人都对他佩服得五体投地，称之为"走丸之辩"。

不仅如此，张九龄的能力还体现在他的办案效率上。

因为张九龄审理过很多案件，不仅能够提纲挈领，还能细致入微，于是一有案件，一般官员都不敢先做审理，而是先交给张九龄。张九龄直接提审犯人，然后直接口述形成案卷，结果无论重刑犯还是轻刑犯，全部低头认罪，于是张九龄又有了新的称谓"张公口案"。

风度翩翩，文章无敌，巧言善辩，公正严明，作为贤相，张九龄已经接近完美。

然而，人无完人，张九龄也有缺点，他的缺点便是性格过于执着，而且缺少察言观色的能力。他与李隆基从初期的甜蜜合作到渐行渐远，与这两者有着莫大的关系。

开元二十四年八月五日，李隆基的五十一岁生日。

数年前，经张说等人提议，李隆基将每年的八月五日定为"千秋节"，这样，八月五日这个原本普通的日子便升级为国家重要节日。

按照惯例，在千秋节这一天，大臣们要给李隆基献上宝镜，可能是图个吉利。

张九龄也献了，献的是金镜。

不过他的金镜是纸做的。

在张九龄看来，一般的镜子只能自照看出一个人的容貌，而如果以人为镜，则可以看出个人乃至国家的吉凶。于是张九龄自己动手，精选前朝兴废故事，编成五卷，称之为《千秋金镜录》，这就是张九龄的金镜。

金镜呈上后不久，张九龄接到了李隆基的回信，在信中李隆基对张九龄大加赞美，张九龄心里也乐开了花。张九龄沉浸于皇帝信中的赞美之词，却没有看透赞美之词背后的李隆基。他没有意识到，此时的李隆基已经五十一岁了，他的耳朵已经不像登基之初那般兼容并蓄了。

身为皇帝，顺耳的话听多了，逆耳的话便听得少了，长年累月，便没有了逆耳忠言的生存空间。

张九龄浑然不觉。

不久，张九龄又让李隆基感到不爽，起因还是张九龄的直言。

开元二十四年十月二日，李隆基准备从东都洛阳返回长安。

李隆基之所以长安、洛阳两地跑，不是他喜欢跑，而是不得不跑，因为长安的粮食供应不足。长安地处帝国腹地，但粮食产能并不高，需要从洛阳转运大量粮食进行补充。然而从洛阳转运代价也非常高，因此为了降低长安粮食的压力，李隆基经常带领文武百官由长安迁移到洛阳办公。

粮食转运的难题经过裴耀卿的大规模整合才得以缓解，后来李隆基基本就不需要长安、洛阳两地奔波，当一个"就粮天子"了。

开元二十四年十月时，李隆基还是一个"就粮天子"，按照原定计划，他准备住到来年二月二日。

然而住到十月一日，李隆基住不下去了，因为他产生了幻觉，感觉洛阳宫中有妖怪出现。

李隆基顿时心生厌恶，想早点返回长安。

十月二日这天，李隆基把三位宰相召来商量，三位宰相顿时分成一派半，张九龄和裴耀卿成为反对派，李林甫则保持沉默，自己独成半派。张九龄和裴耀卿说："现在秋收还没有结束，陛下如果返京恐怕会耽误秋收，还是请陛下等到十一月再出发吧！"

李隆基一听，心里不爽，不过他多年历练，不动声色。

张九龄和裴耀卿以为李隆基就此答应，君臣说过一些话后便告辞出宫。

三位宰相原本行动一致，一起往宫外走，这时李林甫突然显得腿脚不便，

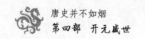

落在了后面。

眼见张九龄和裴耀卿已经走了出去，李林甫一扭头又返了回来。

这时他说话了："长安、洛阳，不过陛下的东宫西宫，两宫往来，哪里还需要择时出发。就算返回长安途中会耽误秋收，那也很简单，免除所过州县的租税就可以了。臣恳请现在就下令给相关部门，即日起程！"

李林甫一席话便把奸臣和忠臣的区别展现得淋漓尽致：奸臣迎合皇帝，视原则如可以轻松绕过的梅花桩；忠臣恪守原则，视原则为不可逾越的柏林墙。

李隆基听完李林甫的话，顿时大喜过望，还是"皇叔"知道朕的心意。

准奏，即日起程！

经过这次返京事件，李隆基对张九龄渐渐产生了不满，对李林甫的好感则在节节攀升。

不久，李隆基对张九龄的不满又升级了，这一次是因为牛仙客。

牛仙客原本是一个小吏，经过自己的努力再加上萧嵩的提拔做到了河西节度使，后来李隆基将牛仙客调任朔方节度使，同时又提拔了一位河西节度使。

正是这位新任河西节度使，发扬了勇于表扬他人的精神，上任伊始，把自己的前任牛仙客狠狠地表扬了一通。在奏章中，这位节度使指出，牛仙客在河西节度使任内，厉行节约，勤勤恳恳，仓库充实，武器精良，实在是大唐节度使之楷模。

奏章递到李隆基手里，李隆基龙颜大悦，便起了赏赐的念头，他准备擢升牛仙客当一个部的尚书。

这个想法，又遭到了张九龄的反对。

张九龄说："陛下不可。尚书，是古代纳言的位置，有唐以来，只有担任过宰相以及在中外都有德望的人才能担任。牛仙客原本只是河湟小吏，现在要把他放到有德望的人才能担当的职位上，这恐怕会对朝廷造成羞辱。"

李隆基已经有些不满，但依然耐着性子问道："那么给牛仙客封爵加采邑如何？"

张九龄又摇了摇头："不可。封爵是为了酬庸功劳。牛仙客作为边将，充实仓库，整修器械，只是他分内的事，不足以成为功劳。陛下如果要赏赐他忠于职守，赐予金帛就可以了，如果封爵外加采邑，恐怕不太合适。"

李隆基被噎住了，心中更加不爽。

不爽的心情一直在延续，直到张九龄离开，李林甫到来。

李林甫与张九龄的态度相差一百八十度。

李林甫说："牛仙客，宰相之才，当一个尚书又算得了什么。张九龄书生一个，拘泥于古法，不识大体。"

李隆基的心情顿时多云转晴，心也更贴近了李林甫。

第二天，李隆基旧话重提，张九龄再次表示反对，固执程度与昨天一样。

李隆基动了肝火，变了脸色："难道事事都由你说了算吗？"

张九龄知道李隆基动了怒，但他依然不卑不亢："陛下不认为臣愚钝，把臣擢升到宰相之位，因此遇有事情有不合适的地方，臣不敢不进言。"

李隆基看着油盐不进的张九龄，顿时起了挖苦之意："你嫌牛仙客出身寒微，那么试问你自己有何门第？"

张九龄一板一眼地答道："臣的确出身岭南贫贱之家，不如牛仙客生于中原大地；然而臣出入中央机关，处理文件起草诏书已经有很多年头。牛仙客只不过边塞小吏，目不知书，如果重用他，恐怕不会让众人信服。"

李隆基再一次被噎住了，张九龄说得确实有道理。

就在李隆基要放弃对牛仙客的赏赐时，李林甫的话又从宫外飘飘洒洒传入李隆基的耳朵里："如果一个人有才能，何必局限于文学呢。天子想重用他，有何不可！"

这就是李林甫，一个察言观色、见缝插针的高手，当皇帝渴时，他知道送水；当皇帝饿时，他知道送干粮；当皇帝瞌睡时，他知道送枕头；当皇帝手足无措时，他知道给皇帝送一个自说自话的理由。

李林甫表面上为牛仙客，实际也是为自己，因为他与牛仙客同病相怜。他的文化水平也不高，文章更提不起来了，张九龄的文章名垂千古，李林甫的唐诗水平连打油诗都算不上，在人人都是半个诗人的唐代，李林甫算是"不学无术"了。不过，值得一提的是，李林甫是个不错的画家，绘画水平具有一定的造诣，著名诗人高适对于他的绘画水平赞誉有加，当然不排除有拍马屁的成分。

李林甫如此帮牛仙客，其实是在抛砖引玉，抛出牛仙客这块砖，引出自己这块若隐若现的玉。

开元二十四年十一月二十三日，李隆基下诏，封牛仙客为陇西郡公，采邑

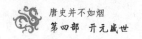
实封三百户。

李林甫获胜，张九龄惨败。

张李角力

从开元二十四年的"返京事件"开始，张九龄和李林甫的角力露出冰山一角。

表面看起来，张九龄贵为中书令，处于明显优势，实际上，这场角力根本不是一场公平的角力，原因在于两人对待这场角力的态度。

张九龄向来对事不对人，尽管他对李林甫没有好感，但他从不刻意针对李林甫，更不去研究李林甫，李林甫则不同，从上任的第一天起，他就开始琢磨张九龄。

双方注定不在一个斗争层面之上，张九龄无欲无求，李林甫却处心积虑，因为张九龄挡了他的道。

李林甫恨张九龄不是一天两天了，时间可以追溯到李林甫出任宰相之前。

当时李隆基经过武惠妃的推荐，想要重用李林甫，便询问张九龄的意见。

张九龄说："宰相关系国家安危，陛下却想重用李林甫，臣只恐他日李林甫会成为江山社稷的隐患。"张九龄原本以为会就此将李林甫排除在宰相集团之外，没想到李隆基吃了秤砣，还是让李林甫成了他的宰相同僚。

张九龄不甘心与李林甫这样的人做同僚，因此想找机会把李林甫踢出去。

一天，李隆基在皇家禁苑宴请群臣，君臣数人来到了鱼池前，李隆基兴致很高，便用手指了指鱼池："这几条鱼真够鲜活可爱的。"

李林甫马上接过话头："全是仰仗陛下皇恩浩荡。"

这时张九龄接言："盆池里的鱼，就跟陛下任用的人一样，只能装饰景致为儿女情长助助兴而已！"

话里有话，意有所指。

李隆基没有回应，但心中不悦，李林甫更不用说，从此对张九龄怀恨在心。张九龄呢，说过了也就说过了，他丝毫不以为意，丝毫没有意识到他已经把李林甫得罪到家了。

张九龄与李林甫的矛盾在张九龄不知不觉间逐渐升级，不久，武惠妃也汇入张九龄与李林甫的矛盾之中，形成了复杂的三角关系。

三方在废立太子的问题上，纠缠到一起。

前面说过，武惠妃的恩宠在后宫等同于皇后，但美中不足的是，太子李瑛并非自己所生，因此她一直在为扳倒太子而努力。

在武惠妃阴谋扳倒太子的同时，太子李瑛、鄂王李瑶、光王李琚的抱怨也在升级，他们都看到了自己母亲的失宠，武惠妃则把所有的恩宠据为己有。

其实，古代的皇子是可悲的，他们虽然是物质上的贵族，但却是情感上的弃儿。

他们虽然有母亲，但是按照皇家的管理规定，并不能与母亲长期生活在一起，普通人家的朝夕相处，对于他们而言则是奢望。他们虽然有父亲，但是他们的父亲却有很多儿子、很多女儿，平均分配是不可能的，遇到重大节日能看到父亲一眼就是天大的荣幸。

因此，他们是情感孤儿。

现在三个情感孤儿凑在一起不断抱怨，而在抱怨同时，却忘了隔墙有耳，他们的妹夫、驸马杨洄已经刺探他们很久了。

杨洄，李隆基的女婿，咸宜公主的驸马，而咸宜公主则是武惠妃的亲生女儿，李瑛、李瑶、李琚则是杨洄的挂名舅哥。

经过杨洄的刺探，武惠妃总算在鸡蛋里找到了骨头，她要在李隆基面前发出致命一击：

太子阴谋结党，将要加害贱妾母子，而且他们还指斥陛下。

李隆基被点中了腰眼，他怕的就是太子结党。如果换作别人说"太子结党"，李隆基还会表示怀疑，然而，这是他最宠爱的武惠妃说的。

一句顶一万句。

废立之心油然而生。

李隆基把张九龄等三位宰相召来，说出了自己的想法，结果又遭到了张九龄的反对：

陛下登基近三十年，太子诸王也不离深宫，每日都接受陛下的教导，天下人都庆幸陛下享国久长，子孙繁茂。如今三位皇子都已成人，从没听说他们有什么大的过失，陛下为何要听信谣言，在愤怒之际废黜太子？况且太子是天下

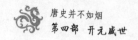

之本，不可轻动，以往历朝历代都有废太子导致社稷动荡的事例。由此观之，不可不慎重。陛下必欲废太子，臣不敢奉诏！

张九龄又一次把李隆基噎住了，李隆基哑口无言生闷气。

不久，李林甫的话又晃晃悠悠传到了李隆基的耳朵里，他的态度与当年明哲保身的李世勣一样："此陛下家事，何必问外人！"

家事？

其实是国事！

身为一国之君的李隆基当然知道废立太子的利害，一时间他也拿不定主意。

在李隆基犹豫不决的同时，武惠妃也在积极努力，她让自己的亲信宦官给张九龄带话："有废必有兴，宰相大人如果这一次肯施以援手，宰相之位就可以长久！"

这表明，武惠妃想跟张九龄做交易。

张九龄不想跟任何人做交易。

他当即怒斥传话的宦官，然后把这件事情奏报给李隆基。

李隆基五味杂陈，对张九龄充满了复杂的情感。

一方面，这位宰相风度翩翩，文章天下无双，能力无出其右；另一方面，这位宰相过于执拗，甚至没有察言观色的能力。

为天下计，需要这样一个宰相；为自己计，与这样的宰相相处太累了。

对于这样一个人，是赶还是留呢？

第十三章　天　注　定

九 龄 罢 相

不知不觉，张九龄已经走到了罢相的边缘。

张九龄走到这一步，一方面是因为李隆基的忍耐接近了极限，一方面是同为宰相的李林甫落井下石。

原本，张九龄没有把李林甫放在眼里。

在张九龄看来，李林甫就是一个不学无术的家伙，与他谈论公事，李林甫如同痴醉之人，半晌没有回应。如果谈论公事以外的事情，李林甫则对答如流。因此张九龄对自己的左右说："李林甫议事，如醉汉语也，不足言。"

然而，就是这个"醉汉"一步一步将张九龄逼进了死角。

因为"醉汉"李林甫抓住了张九龄的"把柄"。

"把柄"是一个人，名叫严挺之，后来对杜甫照顾有加的剑南节度使严武便是严挺之的儿子。严挺之时任中书侍郎，与张九龄交情非常好，李林甫在张九龄身上找不到破绽，便从张九龄的属下兼好友严挺之身上找。巧合的是，严挺之还得罪过他，拆过他的台。

事情还得从"错别字风波"说起。

之前李林甫提拔过一个人，这个人叫萧炅。萧炅头脑灵活，办事得力，深得李林甫赏识，于是李林甫便提拔萧炅担任户部侍郎。然而，萧炅也有一个致命缺点，那就是读书不多，认识的字也不多，时间一长，便闹出了"错别字风波"。

一次，萧炅和严挺之出现在同一个场合，萧炅恰巧闹出了笑话，他把"伏腊"读成了"伏猎"，严挺之当场就快笑喷了。身为户部侍郎，居然连"腊"和"猎"都分不清，这也太搞笑了。回来之后，严挺之便跟张九龄说，"朝廷怎么能容忍一个'伏猎侍郎'存在呢？太儿戏了！"

张九龄闻言，顿时把萧炅记在了心里，不久萧炅的"伏猎"侍郎做不成了，只能到岐州出任刺史。

仅此一件事，严挺之便跟李林甫结下了梁子，李林甫认为这是严挺之不给自己面子，故意让自己难堪。

严挺之，走着瞧！

不久，严挺之与李林甫的矛盾升级了，起因还是严挺之不给李林甫面子。

当时，张九龄有意把严挺之拉入宰相行列，但是仅仅自己一个人说话分量还不够，还需要裴耀卿、李林甫共同推荐，毕竟三个宰相一起推荐要比张九龄个人推荐效果更好。

张九龄授意严挺之去走一下李林甫的门路，至少应该登门拜访一下。

严挺之呢？

他死活看不上李林甫的为人，终其一生，没登过李林甫的门。

李林甫气坏了，别人往自己的家里一天跑八趟，严挺之八年都不跑一趟，这人太不把自己这个宰相当回事了。

必须给他点颜色看看。

功夫不负有心人，有心的李林甫终于抓住了严挺之的破绽：企图干预司法公正。

这一抓很致命，进而引发了一场蝴蝶效应。

严挺之"企图干预司法公正"的起因是他的前妻。

原本严挺之结过一次婚，后来不知什么原因一纸休书把妻子休掉了。被严[挺]之休掉的前妻又嫁给了蔚州刺史王元琰，王元琰后来因为贪赃枉法被打入大[牢]，由大理寺、刑部、御史台三大衙门共同审理。

[这]时严挺之的前妻找到了严挺之，希望他能帮王元琰一把。受前妻之托，[他]便勉为其难去捞王元琰，结果王元琰没捞出来，他自己也掉进去了。